Handbuch der Kalifornischen Blütentherapie

Barbara Luetgebrune

Handbuch der Kalifornischen Blütentherapie

Eine Anleitung
zum Gebrauch von
72 Blütenessenzen
zur Entfaltung der Seele

Christiane Schlange

EDITION
SCHANGRILA

Erste Auflage 1987

Umschlaggestaltung: W. Jünemann
Gesamtherstellung: Schneelöwe, Haldenwang
ISBN 3-924624-43-7

Printed in Germany

Inhaltsverzeichnis

Einleitung

Wegbereiter für die Kalifornischen Blüten waren die Bach-Blüten des englischen Arztes Dr. Edward Bach. Auf intuitivem Weg entdeckte er die Heilkraft von 38 Blumen-, Busch- und Baumblüten, welche die Seele harmonisieren. In Kalifornien hat sich eine Gruppe spiritueller Personen zusammengefunden, die nach den von Bach aufgestellten Prinzipien weiterzuforschten und die 72 „Kalifornische Blüten" fanden und als Blütenessenzen herstellten. Sie gründeten in Nevada die F.E.S., die Flower Essence Society.

Es ist den meisten bekannt, daß gerade Kalifornien eine sehr gute spirituelle Schwingung hat, und entsprechend dieser Schwingung haben die Kalifornischen Blüten eine besonders harmonisierende, feinstofflich-reinigende Wirkung auf die Seele. Dieses ganz besondere spirituelle Fluidum habe ich bei mehreren Aufenthalten in Kalifornien selbst erlebt.

1980 habe ich in San Francisco meine Fähigkeit des „geistigen Magnetismus" entdeckt, die es mir ermöglichte, durch Gedankenkraft Energiestrukturen zu verändern und mit radiästhetischen Methoden nachzuweisen. Damit begann eine sehr intensive Forschungsarbeit über kosmisch-energetische Zusammenhänge von unbewußten Ursachen. Es entstand daraus eine neue Therapieform, die ich *Energiefeld-Diagnose und Therapie* nenne. Sie reicht von den „12 Energiekörper-Ebenen" über die „12 Geist-Ebenen", der „Kosmischen Homöopathie", den „12 Interferenz-Auren", der „Ich-Du-Wir-Raum-Therapie" bis zur „Kalifornischen Blütentherapie". Sie ist ein integrierter Bestandteil meines Gesamtsystems und entspricht meinen „12 Seelen-Ebenen".

Durch die jahrelange Forschungsarbeit mit den Bach-Blüten und durch den immer größer werdenden Einblick in kosmische Zusammenhänge konnte ich die Weisheit der Kalifornischen Blüten intuitiv erfassen, die auf kosmische Gesetzmäßigkeiten beruhen und auf deren energetische Auswirkungen auf den Menschen.

Die Erfahrungen mit den Blüten haben gezeigt, daß wir Menschen gern unseren Verdrängungsmechanismus unbewußt einsetzen, wenn es darum geht, uns selbst zu konfrontieren. Je eher wir bereit sind, unsere ins Unterbewußte verdrängte unliebsame Seite unseres Lebens anzuschauen, desto eher können die Kalifornischen Blüten ihre „Stellvertretung für die Gnade Gottes" in den Dienst des Menschen stellen.

Die Hürde, die wir zu nehmen haben, ist das Konfrontieren, das Erkennen seelisch-geistiger Ursachen. Sie sind strukturiert als „unbewußte Programme". Die Vielfalt solcher unbewußter Programm-Sätze habe ich in ihrer Gesamtheit *Kosmogramme* genannt. Diese Arten ursächlicher Programmsätze bestimmen unser Leben und blockieren viele Energien; sie hindern uns an einem selbstbestimmten und gottbewußten Menschsein.

Mit dem Erkennen von Problemen durch das Herausfinden des entsprechenden Kosmogramms alte, blockierte Energien wieder auflösen, und zwar durch das kosmisch-geistige Heilprinzip des *Duplizierens*. Mit diesem kosmischen Gesetz, das auf der physischen, geistigen und seelischen Ebene wirksam ist, können wir wunderbare Erfahrungen machen. Dieses spirituelle Heilgesetz, das in meinem ersten Buch „Heilung durch Erkenntnis" beschrieben ist, ist auch in diesem Handbuch der Kalifornischen Blüten-Therapie von überragender Bedeutung.

Hier vereinigen sich das geistige Heilprinzip des Duplizierens mit dem seelischen Heilprinzip der Reinigung durch die Kalifornischen Blüten. Diese vereinigende Therapie hilft uns, die Trennung von Geist und Seele zu überwinden und uns als Einheit zu erfahren und diese auch zu leben. Die Arbeit an uns selbst ist nur ein Teil unserer kosmischen Aufgabe, denn wir haben nicht nur zu uns selbst finden, sondern sind auch aufgerufen, unseren Beitrag zu dieser Schöpfung zu leisten.

Große Dankbarkeit empfinde ich für die spirituelle Leistung der „Kalifornier" mit der Entdeckung ihrer Kalifornischen Blüten-Essenzen und dafür, daß sie mich ermutigt haben, dieses Buch zu schreiben. Möge dieses Handbuch dazu beitragen, den Menschen zu ihrer reinen Seele zurückzuführen, erlöst ihre Selbstbestimmung leben zu können.

Die Kalifornische Blütentherapie

Die 72 Kalifornischen Blüten und ihre kosmologische Bedeutung

Die Art und Weise wie wir leben, wird von unserem Bewußtsein bestimmt: Wir glauben entweder an die Kausalität aller Geschehnisse oder an unsere Göttlichkeit. Was aber bedeuten Kausalität und Göttlichkeit in unserem Zusammenhang?

Wir fragen dauernd nach dem „warum". Bei den Indianern beispielsweise fehlt dieses Wort in ihrem Vokabular. In unserem Kulturkreis ist das undenkbar, hier hat jede Antwort auf ein „warum" die nächste Frage nach dem „Warum" zur Folge. So endet letztlich jede weltanschauliche Frage symbolisch immer wieder an der gleichen geistigen Barriere: Wer war zuerst da – das Huhn oder das Ei? Diese Art von linearem Denken und Fragen nach der *Ursache* nennen wir *Kausalität*; die Kausalität bleibt der Vernunft verhaftet. Fazit: *Die Ursache denkt.*

Die letzte Frage bleibt immer und so empfinden wir das Kausalitätsdenken als unerlöst. Es gründet auf dem menschlichen Glauben an seine eigene Vergänglichkeit. Bei erweitertem Bewußtsein glaubt der Mensch an Reinkarnation und Karma, bleibt jedoch auch hier der *Kausalität* verhaftet, weil er noch immer an eine äußere Determination seines Lebens glaubt anstelle an die göttliche Gnade der Selbstbestimmung.

Das höhere Bewußtsein glaubt an die *Göttlichkeit* des Menschen, an seine göttliche *Essenz*. Sie beruht auf dem Glauben des Menschen an die Unsterblichkeit seiner Seele. Sie führt über die göttliche *Essenz-Spirale* zur Erlösung. Fazit: *Die Essenz glaubt.*

Die 72 Kalifornischen Blüten-Essenzen entsprechen 72 Seelen-Konzepten und innerhalb dieser Konzepte werden *Ursache* und *Essenz* einander gegenübergestellt. Die 72 Kalifornischen Blüten entsprechen 12 Gruppen mit 6 Blüten. 12 *Ursachen* entsprechen 12 *Essenzen*. Sie finden ihren Ausdruck in der Gruppenüberschrift. Die folgende Gegenüberstellung der Gruppen stellt jedoch keine Polaritäten dar, denn die Essenz ist nicht Teil einer Polarität, sondern Einheit, Göttlichkeit.

	Ursache	Essenz
Gruppe 1	Schuldgefühle	Gnade
Gruppe 2	Entfremdung	Selbstverantwortung
Gruppe 3	Illusionen	Selbstidentität
Gruppe 4	Proteste	Selbstverständnis
Gruppe 5	Unterdrückung	Macht der Fähigkeiten
Gruppe 6	Fanatismus	Wahrheit
Gruppe 7	Haß	Vergebung
Gruppe 8	Mitleid	Selbstzufriedenheit
Gruppe 9	Zweifel	Entscheidungen
Gruppe 10	Aggressionen	Treue
Gruppe 11	Erniedrigung	Selbstwert
Gruppe 12	Ängste	Liebe

Die Polarität bleibt beschränkt auf unsere physische Existenz: Tag und Nacht, Mann und Frau, Yin und Yang. Das *Sein*, also auch der Glaube, ist raum- und zeitlos und unterliegt somit nicht der Polarität.

Kausalitäten haben ihre energetischen Wirkungen auf der sogenannten Horizontalen. Die Horizontale stellt unser Leben in seinem linearen Verlauf (nach Lebensjahren) dar.

Ursache + Wirkung = Kausalität

Geburt 1-----10-----20----30----40----50----60----70--------Tod

Abb.: Die Horizontale

Es gibt 72 *Haben*-Strukturen. Wir haben sie in 12 Gruppen mit je 6 Strukturen unterteilt. Ihnen entsprechen 72 Blüten-Essenzen. Alles *Haben* spielt sich auf der Horizontalen ab.

Erlangen wir Gottbewußtsein, begegnen wir der sogenannten Vertikalen. Die Begegenung mit der Vertikalen, der *Seins*-Struktur oder der *Essenz* kann in jedem Alter stattfinden. Die Vertikale ist wie ein Teleskop, mal ist sie weit draußen, das heißt im Bewußtsein, zu anderer Zeit ist sie wieder unbewußter. Den Kontakt zu ihr können wir jedoch nie verlieren. Er Sie weist uns den Weg zum Gottbewußtsein.

Essenz
Sein
Glauben
Gottbewußtsein

Abb.: Die Vertikale

Ebenso wie es 72 *Haben*-Strukturen gibt, gibt es auch 12 x 6, also 72 *Seins*-Strukturen.

Mit den *Haben*-Strukturen belasten wir unsere Seele. Sie entspringen einem mangelhaften Gottbewußtsein und beladen die Seele mit Leid und Schmerz. Das Gesetz der Kausalität entspricht nicht der „kosmischen Ordnung", die besagt, daß unsere Seele nie etwas anderes sein kann als rein und erlöst. Wir haben unser Bewußtsein von diesem Irrtum zu befreien und zwar einmal durch Erkenntnis und zum anderen durch Reinigung. Deshalb besteht dieses Handbuch der Kalifornischen Blüten-Therapie aus zwei therapeutischen Ansätzen: dem Erkenntnis-Teil mit den sogenannten *Kosmogrammen* zum Duplizieren der geistigen Blockaden, und der praktischen Anwendung der Blüten-Essenzen, verstanden als Gnade und Liebe Gottes zu unserer seelischen Höherentwicklung. Die Kalifornischen Blüten reinigen unser Bewußtsein und entlasten uns von dem Druck, der auf unserer Seele liegt. Die Reinheit der Kalifornischen Blüten-Essenzen hilft uns, zum Ursprung zurückzufinden.

Eine Analogie: Unser Haus entspricht unserem *Selbst*. Das Haus hat mehrere Zimmer, eines davon entspricht dem Bewußtsein, ein anderes der Seele, ein drittes dem Geist, ein weiteres dem Körper. Wenn wir das Haus reinemachen, beginnen wir, mit dem Staubsauger den größten Dreck zu beseitigen. Der Staubsauger entspricht dem Erkenntnisprozeß. Das Naß-Wischen entspricht der feinstofflichen Wirkung der Kalifornischen Blüten. Unser Haus bleibt nicht sauber, wenn wir nicht immer wieder Energie aufwenden, um es zu reinigen. Das entspricht der Wiederholung der therapeutischen Anwendung.

Was verursacht nun die „Verunreinigung" unseres Bewußtseins? Womit belasten wir unsere Seele? Wir belasten sie mit Schuldgefühlen, mit Entfremdung usw. entsprechend der nachfolgenden Gruppenübersicht. Diese ursächlichen Belastungen unserer Seele entsprechen den 12 Gruppen:

Gruppe 1.	Schuldgefühle
Gruppe 2.	Entfremdung
Gruppe 3.	Illusionen
Gruppe 4.	Proteste
Gruppe 5.	Unterdrückung
Gruppe 6.	Fanatismus
Gruppe 7.	Hass
Gruppe 8.	Mitleid
Gruppe 9.	Zweifel
Gruppe 10.	Aggressionen
Gruppe 11.	Erniedrigung
Gruppe 12.	Ängste

Wir erleben den Menschen durch seine Art der Selbst-Darstellung; wie er mit sich selbst umgeht, wie er sich zu seinem Partner verhält, was ihm die Familie bedeutet, ob er zufrieden ist in seinem Beruf, ob er sich sozial engagiert oder eine größere öffentliche Aufgabe übernommen hat. Über den Charakter können wir den Menschen wahrnehmen, erfassen und verstehen, oder eben nicht verstehen, da uns sein Verhalten oft irrational erscheint. Auch unser Verhalten wird von anderen als irrational empfunden, das erschwert die Kommunikation und wir leiden unter diesem Nicht-Verstanden-Werden.

Doch es geht nicht nur um die anderen, wir verstehen unsere eigenen Verhaltensweisen oft genug selbst nicht und möchten wissen, „warum" wir so handeln. Doch die möglichen Ursachen unseres Verhaltens sind uns nicht bewußt. Mit Hilfe der 72 *Haben*-Strukturen können wir uns die Ursache bewußt machen. Dies verhilft uns zu größerer Toleranz und damit zu einem größeren Verstehen. In dem Maße, wie wir unsere *Haben-Strukturen* erkennen und duplizieren, in dem Maße wächst nicht nur das Verständnis für die anderen, sondern auch für uns selbst.

Die Wahrheit allerdings ist nicht in den *Haben*-Strukturen zu finden, sondern nur in den *Seins*-Strukturen. Doch wer kann sich schon zur Wahrheit bekennen: „Ich bin göttlich"? Das allerdings ist der Schlüssel zur Vertikalen, für die Begegnung mit dem Göttlichen. Dort – im Gottbewußtsein – setzt meine Therapie an. Die Horizontale, die Realität, das Leben verändert sich dann von selbst im Sinne der kosmischen Ordnung.

Die Dualität der HABEN- und SEINS-Strukturen als Spirale

Jede Gruppe symbolisiert die Dualität von:

Böse	und	Gut
Finsternis	und	Licht
Menschlichem	und	Göttlichem
Haben	und	Sein
Handeln	und	Göttlicher Führung
Determination	und	Spiritualität.

Im geistigen Bereich unterliegen wir zwar nicht der Polarität, jedoch der Dualität; sie macht unseren inneren Zwiespalt aus. Wir leben unseren Zwiespalt so lange, bis wir uns für die *Essenz*, für den Glauben entschieden haben.

Graphisch dargestellt sieht diese Dualität so aus:

Licht = *Seins*-Spirale = *Essenz*

Schnittpunkt = unsere Entscheidung

Finsternis = *Haben*-Spirale = *Ursache*

Abb.: Seins- und Haben-Spirale

Der innere Zwiespalt entsteht durch die gedankliche Vorstellung von Gut und Böse. Fast alle Weltanschauungen beruhen auf diesem Grundmodell; unterstützt vom vererbten und übernommenen Bild des Luzifers, dem Lichtträger, der sich von Gott abgewandt hat. Daher der Mythos vom Mensch als „gefallenem Engel". Kampf im Himmel, Kriege auf Erden. Steht doch schon in der Bibel der Satz: Wie im Himmel, so auf Erden! Nur wie es im Himmel aussieht, das hängt von unserem Bewußtsein ab. Viele Gedankenformen – wie zum Beispiel Luzifer oder Satan – beeinflussen unser Bewußtsein. Gedankenformen werden durch Imagination des Geistes geschaffen – einem Kraftfeld menschlichen Bewußtseins. Und dieses Kraftfeld ist in der Lage, seine geschaffenen Gedankenformen auch wieder aufzulösen. Es liegt an uns, ob wir eine solche Dualität zu Gott in unserem Bewußtsein zulassen: „Dir geschehe nach deinem Glauben".

Das Verhaftetsein in der auf Dualität beruhenden Vorstellungswelt ist Jahrtausende alt, und die Geschichte hat uns gezeigt, wohin diese Gedankenformen geführt haben. Die Vorstellung geht soweit, daß behauptet wird: Gutes gebiert Böses oder das Gute kann ohne das Böse nicht sein. Heilung des einen erzeugt Krankheit beim anderen. Dienst am Nächsten löst Schuldgefühle aus. Friedensbemühungen verstärken den Krieg. Ein erschütterndes Zeugnis unserer Gedankenwelt. Das sind die Gedanken, die unsere Seele unerlöst erscheinen lassen, unter denen unsere Seele am meisten leidet, trauert und in der Folge Depressionen auslöst. Diese Mechanismen werden ausgelöst durch unsere unbewußten „Glaubensgrundsätze", aufgrund von Gedankenformen des Luziferischen: Programme wie „Liebe löst Schmerz aus" oder „Ich liebe die Angst" laufen so unbewußt ab, daß unser Verhalten anderen irrational erscheint, denn sie sehen die Energieformen nicht, denen wir ständig ausweichen.

Wir haben jedoch die Entscheidungsfreiheit! Wir sind freie, nicht determinierte Persönlichkeiten und unser Leben ist eine Herausforderung, starre Selbstbilder zu erkennen, um dann verzerrungs-freie Entscheidungen zu treffen! Wir sind kein freier Spielball im Universum, sondern wir sind ergänzend zu unserer Selbstverwirklichung aufgefordert, auch aktiv an dieser Schöpfung mitzuarbeiten. Das können wir tun, wenn wir uns für die *Essenz*, für das Licht entschieden haben. Der Schnittpunkt der Dualitäts-Spirale ist unser Scheideweg. Wir haben 12 solcher Dualitäts-Spiralen (die 12 Gruppen) und sind damit aufgefordert, uns zwölfmal bewußt für die Essenz zu entscheiden. Dann entfällt der Schnittpunkt und auch die Dualität. Jetzt verstehen wir, was es heißt, in der Einheit zu leben. Der Kreis symbolisiert diese Einheit.

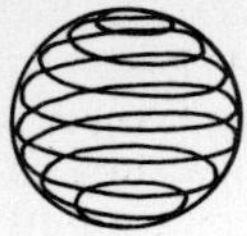

= Essenz-Spirale

Abb.: Essenz-Spirale

Es gibt aber auch Menschen, die sich bewußt oder meistens unbewußt für die *Haben-Spirale* entschieden haben. Sie leben in dem Teil, den wir innere Finsternis nennen. Durch diese Menschen werden Kräfte offenbar, die uns „beweisen“ sollen, daß das Böse existent ist! Aber keiner braucht sich selbst in diesen Kreislauf für ewig zu verbannen – der Weg zum Licht, diese sogenannte „Umkehr“ ist jederzeit offen.

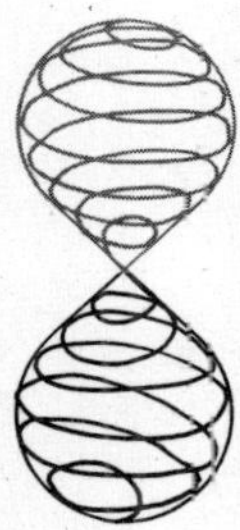

Abb.: Haben-Spirale

Der geschlossene Kreis zeigt an, daß es ohne Hilfe von außen kaum möglich ist, diesem Kreislauf zu entrinnen. Das erleben wir oft genug, wenn wir zum Beispiel unsere unbewußten Triebe und Süchte bewältigen wollen. „Der Geist ist willig, aber das Fleisch ist schwach“ heißt es dann. O.M. Aivanhov beschreibt diesen Mechanismus in einem seiner Bücher sehr treffend: Ein Mann hat sich entschlossen, das Trinken aufzugeben und er geht ganz fröhlich die Straße entlang. Irgendwann steht er vor einer Kneipe und da überwältigt ihn wieder sein Unbewußtes mit den inneren Worten: Freund, heute ist ein Glückstag und nachdem du ja jetzt das Saufen aufgehört hast, sollten wir das doch begießen!

Wichtig ist es, sich für diese Hilfe zu öffnen. Das Duplizieren dieser *Haben*-Kreisläufe und die Kalifornischen Blüten-Essenzen helfen uns, aus diesem Bewußtseins-Gefängnis herauszukommen.

Ein praktisches Beispiel anhand der ersten Gruppe:

Die 1. Gruppe heißt *Schuldgefühle – Gnade*. Eine der 6 *Haben*-Strukturen ist Intoleranz. Die Essenz heißt Verstehen. Wenn wir uns künftig dabei ertappen, daß wir intolerant sind, dann können wir jetzt wissen, daß wir aus unbewußten Schuldgefühlen heraus intolerant sind. Der nächste Gedanke: Woher kommen diese Schuldgefühle? Und schon sind wir wieder verhaftet in der Kausalität oder in der *Haben-Spirale*. Alle Antworten beginnen dann mit „Weil …“ Und jedes „Weil“ entfernt uns weiter vom göttlichen Bewußtsein. Dieses Kausalitätsdenken hat seinen Ursprung in der Gedankenform des Bösen.

Die erlöste Form der Ursache Schuldgefühle ist die *Gnade*. Und damit ist die Gnade Gottes gemeint. Diese Gnade dürfen wir annehmen. Aber wie schlecht können wir annehmen! Wir übernehmen von anderen meist die menschlichen Schwächen und sehr selten ihre göttlichen Stärken. Wir haben sogar Schuldgefühle, gut zu sein!

Jede Gruppe stellt so ein Symbol der Dualität dar. Können wir es nicht in Einheit bringen, dann existiert die Dualität parallel.

Die Wahl des Schnittpunktes ist ganz allein unsere Entscheidung.

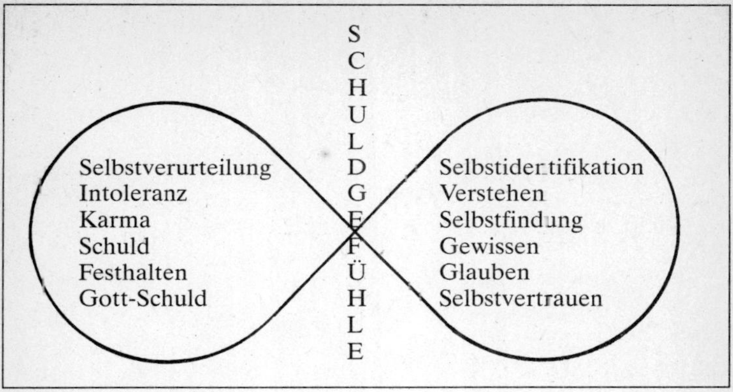

Abb.: Dualitäts-Spirale

Leben wir in der Gedankenform von Gut *und* Böse, erheben wir die Ursache Schuldgefühle zur Vertikalen und glauben, das sei die Wirklichkeit Gottes. So entsteht unser inneres Chaos – eine Umkehrung der Werte. Es gibt also kein klares Entweder-oder, sondern ein nebeneinander von *Haben* und *Sein*. Entscheiden wir uns jedoch für die *Essenz,* hier im Beispiel für die Gnade, ist die Dualität aufgehoben und die Einheit entsteht. Alles wird nur noch mit den Augen der Gnade gesehen.

Selbstidentifikation
Verstehen
Selbstfindung **Gnade**
Gewissen
Glaube
Selbstvertrauen

Abb.: Das Sein als Einheit.

Die 12 Gruppen

Gruppe 1	**Schuldgefühle** (Ursache)	–	**Gnade** (Essenz)	
HABEN-Struktur	Selbstverurteilung	–	Selbstidentifikation	SEINS-Struktur
	Intoleranz	–	Verstehen	
	Karma	–	Selbstfindung	
	Schuld	–	Gewissen	
	Festhalten	–	Glauben	
	Gott-Schuld	–	Selbstvertrauen	
Gruppe 2	**Entfremdung** (Ursache)	–	**Selbstverantwortung** (Essenz)	
HABEN-Struktur	Selbstentfremdung	–	Selbstachtung	SEINS-Struktur
	Wissen	–	Weisheit	
	Verfremdung	–	Integrität	
	Fremdherrschaft	–	Willenskraft	
	Manipulation	–	Selbstverwirklichung	
	Gott-Furcht	–	Selbstzentrierung	
Gruppe 3	**Illusionen** (Ursache)	–	**Selbstidentität** (Essenz)	
HABEN-Struktur	Selbstzerstörung	–	Selbstheilung	SEINS-Struktur
	Schmerz	–	Selbstüberwindung	
	Selbstsucht	–	Herzenswärme	
	Pflichterfüllung	–	Heiterkeit	
	Leistungszwang	–	Selbstgestaltung	
	Gott-Verweigerung	–	Offenheit	
Gruppe 4	**Proteste** (Ursache)	–	**Selbstverständnis** (Essenz)	
HABEN-Struktur	Selbstverleugnung	–	Selbstliebe	SEINS-Struktur
	Armut	–	Geben	
	Kritiksucht	–	Annehmen	
	Disziplinlosigkeit	–	Reife	
	Auflehnung	–	Anpassungsfähigkeit	
	Gott-Irrtum	–	Gesetz	

Gruppe 5	**Unterdrückung** (Ursache)	–	**Macht der Fähigkeiten** (Essenz)	
HABEN-Struktur	Selbstrechtfertigung	–	Selbstbestimmung	SEINS-Struktur
	Schwäche	–	Selbstdarstellung	
	Kämpfen	–	Dienen	
	Vergangenheit	–	Klarheit	
	Glaube an das Böse	–	Ehrlichkeit	
	Gotteslästerung	–	Überantwortung	

Gruppe 6	**Fanatismus** (Ursache)	–	**Wahrheit** (Essenz)	
HABEN-Struktur	Selbstbeschränkung	–	Selbstbehauptung	SEINS-Struktur
	Überzeugen	–	Geduld	
	Rechthaberei	–	Solidarität	
	Extreme	–	Stabilität	
	Gewalt	–	Lebensfreude	
	Gott-Fluch	–	Gerechtigkeit	

Gruppe 7	**Haß** (Ursache)	–	**Vergebung** (Essenz)	
HABEN-Struktur	Selbsthaß	–	Selbstbesinnung	SEINS-Struktur
	Widerstand	–	Autorität	
	Feindschaft	–	Brüderlichkeit	
	Narzißmus	–	Mitgefühl	
	Aufopferung	–	Hilfsbereitschaft	
	Gott-Zorn	–	Läuterung	

Gruppe 8	**Mitleid** (Ursache)	–	**Selbstzufriedenheit** (Essenz)	
HABEN-Struktur	Selbstmitleid	–	Selbsthingabe	SEINS-Struktur
	Lügen	–	Barmherzigkeit	
	Sünde	–	Freiheit	
	Verherrlichung	–	Selbstlosigkeit	
	Krankheit	–	Selbstbewußtsein	
	Gott-„Frömmigkeit“	–	Demut	

Gruppe 9	**Zweifel** (Ursache)	–	**Entscheidungen** (Essenz)	
HABEN-Struktur	Selbstzweifel	–	Selbstbejahung	SEINS-Struktur
	Nachahmung	–	Persönlichkeit	
	Idealisierung	–	Realität	
	Ruhelosigkeit	–	Geborgenheit	
	Unsicherheit	–	Hoffnung	
	Gott-Isolation	–	Güte	

Gruppe 10	**Aggressionen** (Ursache)	–	**Treue** (Essenz)	
HABEN-Struktur	Autoaggression	–	Selbstvollkommenheit	SEINS-Struktur
	Emotionalität	–	Wahrnehmung	
	Perfektionismus	–	Natürlichkeit	
	Eifersucht	–	Sexualität	
	Fremdgehen	–	Selbstbildnis	
	Gott-Leid	–	Fülle	

Gruppe 11	**Erniedrigung** (Ursache)	–	**Selbstwert** (Essenz)	
HABEN-Struktur	Selbsterniedrigung	–	Selbsteinschätzung	SEINS-Struktur
	Unmenschlichkeit	–	Göttlichkeit d. Menschen	
	Verleumdung	–	Aufrichtigkeit	
	Zwangsherrschaft	–	Selbstachtung	
	Spiegelbild	–	Vorbild	
	Gott-Sühne	–	Selbst-Sein	

Gruppe 12	**Angst** (Ursache)	–	**Liebe** (Essenz)	
HABEN-Struktur	Todesangst	–	Selbstwürde	SEINS-Struktur
	Lebensangst	–	Gewißheit	
	Zukunftsangst	–	Dankbarkeit	
	Bestrafungsangst	–	Wagemut	
	Versagensangst	–	Vollendung	
	Gott-Strafe	–	Urvertrauen	

Der innere Aufbau der 12 Gruppen

Die 6 Haben-Strukturen

Die 6 *Haben*-Strukturen jeder Gruppe haben durchgängig denselben Aufbau. Jede Ebene beinhaltet einen speziellen energetischen Mechanismus. Die Bezeichnungen sind uns zum Teil aus der Psychologie bekannt, sind aber energetisch zu interpretieren. Sie stellen sich wie folgt dar:

Ebene 1	Kompensation (Selbstbezug)
Ebene 2	Identifikation
Ebene 3	Aufbesserung
Ebene 4	Umkehrung der Werte
Ebene 5	Projektion
Ebene 6	Verdrängung (Gottbezug)

1. Kompensation

Der Begriff der Kompensation bedeutet, daß wir negative Strukturen in uns selbst nicht wahrhaben wollen und sie unbewußt in scheinbar positive Strukturen umwandeln. Wir leben und handeln anders, als es unserer inneren Struktur und unserem inneren Bedürfnis entspricht. Dies ist eine Erschwernis auf dem Weg zur Wahrheit, das heißt, wir weichen der Konfrontation mit uns selbst aus.

In uns ist zum Beispiel die Grundstruktur *Lebensunwillen* wirksam. Kompensieren wir den Lebensunwillen aber, so stellen wir uns bewußt lebensfroh und gesellig dar. Nur ein Mensch, welcher über eine sehr gute Wahrnehmungsfähigkeit verfügt und das Gesetz kennt: „Was man betonen muß, ist nicht wahr", kann hinter die Kulissen schauen und somit helfen, dem anderen seine Lebenslüge zu duplizieren.

Kompensationen sind ähnlich wie Illusionen oder Idealisierungen; sie werden unbewußt aufgebaut, damit das Leben auf der Horizontalen nicht gar so schmerzlich ist. Sie behindern jedoch die Wahrnehmung anderer, höherer Wirklichkeiten, denn Ehrlichkeit zu uns selbst ist ein wesentlicher Schritt dorthin. Die Entwicklungsphase des Psychologisierens haben wir hinter uns zu lassen, damit wir uns auch wirklich zu unserem *Selbst* bekennen können.

Kompensationen haben also einen Bezug zu unserem *Selbst*. Wir sprechen zwar von Selbstverurteilung, Selbstliebe, Selbstrechtfertigung oder Selbstachtung, doch was ist eigentlich dieses unser *Selbst*? Wir sprechen von unserem *Selbst*, wenn wir *Ich* sagen, wenn wir von unserem *Ego*, unserem *Bewußtsein*, unserer *Seele*, unserem *Körper*, unserem *Unterbewußtsein* oder unserem *Geist* sprechen.

2. Identifikationen

Fremd-Identifikation bedeutet, daß wir unser eigenes Denken abschalten und das „Gedanken-Gebäude" eines anderen übernehmen. Wir identifizieren uns dann mit der Identität eines anderen Menschen. Damit geben wir unsere eigene Identität auf und leben eine andere, also eine Fremdidentität. Gurus sind zum Beispiel sehr „in". Viele Menschen geben ihre Identität für ihren Guru auf, oft noch rituell durch die Verleihung eines neuen Namens unterstützt. Durch die Identi-fizierung – einer Art geistigen Infektionskrankheit – mit seiner Weltanschauung glauben sie, von seiner Energie leben zu können. Für die Aufgabe ihres *Ichs* wird ihnen die Abnahme ihres Karmas versprochen.

Wieso tun wir dies? Durch unser „Haben-wollen" von Materiellem wie Immateriellem. Wir halten uns solange am *Haben* fest, bis wir den Mut zum eigenen *Sein* gefunden haben. Wir wollen sogar die *Haben*-Strukturen anderer Menschen haben, das heißt seine Ängste, seine Zweifel, sein Mitleid, sein Karma, nur um nicht wir selbst sein zu müssen. Als ob wir selbst nicht genug davon hätten, diese Strukturen zu überwinden. Aber Fremdes scheint uns oft leichter zu leben als Eigenes.

Es sind dies Mechanismen, die unbewußt ablaufen und uns scheinbar wehrlos machen. „Unbewußt", das ist nicht als Entschuldigung gedacht, sondern zeigt die Notwendigkeit an, solche energetischen Verknüpfungen zwischen Menschen zu erkennen, um frei zu werden von allen übernommenen Gedankenformen. Identifikationen sind auf Prinzipien zurückzuführen, dargestellt durch sogenannte Urbilder und große Persönlichkeiten wie zum Beispiel Buddha oder Christus – als Prinzip der Erlösung.

Eine der häufigsten und am stärksten wirksamen Identifikation ist die mit dem leidenden Jesus, mit dem Gekreuzigten. Wir identifizieren uns, entsprechend unserem Leben, lieber mit seinem Leid, anstelle, daß wir uns mit dem Auferstandenen, mit dem Christus identifizieren.

Oft übernehmen wir von anderen Menschen ihr Leid und glauben so, auch unbewußt, die Nachfolge Christi anzutreten. Doch das ist keine Nachfolge, sondern Identifikation mit dem Leidenskreuz. Als äußeres Zeichen der Verbundenheit hängen wir uns das Leidenskreuz noch als geschlossene Metallkette um den Hals, die uns zusätzlich noch viel Bioenergie kostet. Bioenergie wird auch als Od bezeichnet, als Chi, als Hara oder als Odem Gottes.

Wann beginnen wir den Auferstandenen – den Christus – zu leben? Christus ist das Prinzip Liebe und die Liebe ist die erlösende Kraft in jedem Menschen – das bezeichnen wir als Christusbewußtsein oder als die *Ich-Bin-Kraft*. Dieses größte Heil- und Energiepotential können wir entdecken, wenn wir uns von störenden Fremdüberlagerungen reinigen.

3. Aufbesserung

„Aufbesserung" möchte ich als einen neuen energetischen Begriff einbringen, der zum Ausdruck bringt, daß die meisten Menschen „es" nicht so sein lassen können wie es ist. Das Bedürfnis, alles verändern zu wollen, ist groß und entspringt der Vorstellung, daß es noch besser sein könnte. Wir haben keine Zeit, das kosmische Gesetz „alles wandelt" abzuwarten. Die paradoxe Aussage liegt schon in dem Wörtchen „haben"; wir können uns die Zeit nehmen, denn sie ist eine *Seins*-Struktur. Wofür wir uns Zeit nehmen, liegt an unseren Entscheidungen. Wir haben eine bestimmte Vorstellung vom Leben und von den Dingen, wie sie sein sollten, und wollen, daß alles jetzt so ist, wir wollen es jetzt anders haben. Wenn etwas gut ist, können wir es nicht so stehenlassen, wir müssen es noch besser machen, bis es oft ins Gegenteil umschlägt.

Dafür gibt gibt es auch den Ausdruck des „Ver(schlimm)besserns" oder des Überspitzens. Man spitzt in einer Art Perfektionismus seinen Bleistift solange an, bis die Spitze wieder abbricht. Man kann auch sagen: einen „draufsetzen". Zu allem wollen wir noch einen verbessernden Kommentar abgeben. Alleine die täglichen Kommentare zum Wetter, von denen wir wissen, daß wir es nicht ändern können. Immer ist es zu ... kalt, zu heiß, zu feucht, zu neblig, zu fönig usw. Irgendwie sind wir immer nicht einverstanden mit dem was ist oder so wie ein Mensch ist. Ständig sind wir am bewerten. Bewertung ist etwas, womit wir täglich umgehen: Wir sind es so gewohnt, alles in positiv oder negativ oder in gut und schlecht einzuteilen, daß wir diesen Mechanismus kaum noch wahrnehmen. Machen wir uns diese Bewertungen bewußt, laufen immer noch andere, unbewußte Bewertungen in uns ab. Und mit jeder Bewertung entscheiden wir über den Wert – eines Menschen, eines Gegenstandes, einer Situation. Damit machen wir uns zum Maßstab aller Dinge und setzen damit die Ursache für unbewußtes Leid. Ich bekam einmal eine Ansichtskarte aus Griechenland mit einer besonders schönen Kirche. Auf der Rückseite schrieb ein Freund: Der Bau hat mich hier sehr beeindruckt, aber wenns den bei uns gäbe, dann wäre er viel größer.

Besonders deutlich werden solche Aufbesserungen, wenn mit Hilfe von Erkenntnisprozessen die Ursachen dupliziert wurden und damit dem Menschen bereits geholfen ist. Aber das scheint nicht genug zu sein, denn immer wieder kommt die Frage: Ja, was kann ich denn jetzt noch tun? Der Verstand will selbst handeln, er zweifelt an den göttlichen Fähigkeiten, daß „es" geschieht. Zweifel jedoch stören die sich vollziehende Transformation.

Das Loslassen-Können vom Aufbessern gibt uns einen größeren Lebensspielraum durch den Lernprozeß, die Dinge eben so zu akzeptieren wie sie sind. Wie oft stellt sich zu einem späteren Zeitpunkt heraus, daß es gut war, daß das nicht eingetreten ist, was *wir* wollten. Lernen wir zu danken für die göttliche Führung und für die Freisetzung eines großen Energiepotentials, das wir für unsere seelische Entwicklung benötigen.

4. Umkehrung der Werte

Werte teilen wir ein in innere und äußere. Die inneren Werte sind unsere Charaktereigenschaften und die äußeren Werte sind unsere Handlungen. Der Mechanismus, durch den sich unsere Werte umkehren, entsteht durch die Dualität von Gut und Böse und die daraus entstehenden Zweifel durch die notwenigerweise erfolgenden Bewertungen.

Zweifeln wir an den inneren Werten, so senden wir auch nach außen zweifelhafte Energien. Innen und Außen sind dann nicht identisch. Es entsteht die Situation, daß wir Gutes wollen, aber das Gegenteil bewirken oder selbst erfahren. Wir wollen gut sein (innen) und stürzen uns doch täglich auf die „Räubergeschichten" in der Zeitung (außen). Die andauernde Bestätigung des Schlechten durch das geschriebene Wort oder durch das Fernsehbild läßt den Gefestigsten von uns mit der Zeit am Guten zweifeln.

Es entsteht so eine Art Innen- / Außen-Wippe. Spezifische Wippen sind zum Beispiel Familie – Beruf, Ich – Partner. Was für den einen Bereich gilt, scheint im anderen nicht möglich zu sein. Am besten erkennen wir uns wieder an der Wippe Familie – Beruf. Je größer die verstandene Berufung und der berufliche Erfolg, desto weniger Zeit bleibt für die Familie und desto größer ist die Entfremdung. Auf der einen Seite Aufladung von Energien durch die Freude an der Arbeit, auf der anderen Seite Entladung von Energien durch Disharmonien und Nicht-verstanden-werden. Ein Beispiel für die Ich-Wir-Wippe: Wenn ich mich auf ein Examen vorbereitet habe, weiß ich viel von dem gelernten Stoff; bin ich jedoch in der Öffentlichkeit, hier Prüfungskommission, ist mein Wissen nicht mehr abrufbar.

Diese Umkehrungen, die sich in Handlungen und anderen sozialen Verhaltensweisen zeigen, haben ihren Ursprung in den Charaktereigenschaften. Eine gute, ausgeglichene und angepaßte Darstellung von Charakterzügen eines Menschen nennen wir Persönlichkeit oder Autorität. Je einheitlicher Innen und Außen sind, desto stabiler und würdevoller die Autorität. Hat der Mensch Zweifel an seinem Selbstwert, an seiner Selbstidentität oder an seiner Liebesfähigkeit, baut er eine Charakterwippe auf mit einer bestimmten Person, meist mit dem Partner. Solche Charakter-Wippen können zum Beispiel so aussehen:

stark	–	schwach
sanftmütig	–	grob
fröhlich	–	depressiv
fleißig	–	faul
still	–	geschwätzig
interessiert	–	gleichgültig
schnell	–	langsam
intelligent	–	dumm
etc.		

Solche Umkehrungen bauen zwischen Menschen energetische Abhängigkeiten auf, aus denen sie nicht aussteigen können, bevor es ihnen nicht bewußt ist. In der Umgangssprache sagen wir: Gegensätze ziehen sich an. Das damit oft verbundene Leid kommt in solchen Beziehungen durch die Unfähigkeit, aus der Wippe einfach auszusteigen. Es gibt zwei Variationen. Nehmen wir als Beispiel ein Ehepaar: Sie ist ein fröhlicher Typ und er dagegen eher depressiv. Die eine Wippe beinhaltet, daß sie nur deshalb fröhlich sein kann, weil er depressiv ist. Die andere Wippe wirkt sich wie ein Wechselspiel aus: wenn sie fröhlich ist, ist er depressiv und umgekehrt. Kaum geht es ihm psychisch besser, verfällt sie plötzlich in Depressionen.

Diese Umkehrungen der Werte entstehen auch bei weltanschaulichen Fragen:

Alles	–	Nichts
Erniedrigung	–	Erhöhung
Überheblichkeit	–	Untertreibungen
Opfer	–	Verfolger
Praktisch	–	Theoretisch
Mathematik	–	Sprachen
Denken	–	Fühlen

Durch diese Wippen enstehen unsere Zwiespälte, unsere Voreingenommenheiten und Vorurteile. Wer gut in Sprachen ist, kann nicht gut in Mathematik sein. Wer ein Praktiker ist, muß ein schlechter Theoretiker sein. Vermitteln Eltern ihren Kindern solche Vorurteile und haben die Kinder Selbstzweifel, dann sind sie auf diese Weise determiniert oder vorprogrammiert.

Sogar auf den eigenen Körper in bezug auf seine Gesundheit sind solche Wippen feststellbar: Es gibt zum Beispiel Schmerzen, die nie gleichzeitig auftreten, sondern nur abwechselnd. Kaum hört der Kopfschmerz auf, gehts im Kreuz wieder los und umgekehrt.

5. Projektion

Projektionen sind ein unbewußter Mechanismus, um die Gedankenform des Bösen nicht konfrontieren zu müssen. Da wir uns per Gedankenkraft von der Vorstellung des Bösen nicht einfach befreien können, projizieren wir dieses unlösbare Problem auf andere Menschen. In erster Linie läuft diese Projektion von den Eltern auf die Kinder. Die Eltern haben es wiederum von ihren Eltern und so zieht sich dies durch die ganze Ahnenreihe. Schon immer hat den Menschen die Frage beschäftigt, warum das Böse, das Negative so eine starke Anziehungskraft hat.

Diese Projektionen erfolgen über Bilder aus dem Unbewußten. Diese

Bilder beinhalten das gespeicherte Wissen über Gehörtes, Gelesenes, Geschehenes, über die Erfahrungen der Ahnen. Dies ist der Grund, warum sich viele Menschen scheuen, in ihr Unbewußtes zu schauen. Und diejenigen, die auf dem Erkenntnisweg durch bestimmte Techniken zu den im Unbewußten gespeicherten Bildern vordringen, glauben, ihre alten Inkarnationsbilder zu sehen. Doch es sind eben diese Bilder aus dem überpersönlichen oder kollektiven Unbewußten, die sich auch in unserem genetischen Code manifestieren.

Mir sind viele Menschen begegnet, die Zugang fanden zu ihren unbewußten Bildern und sie erlebten fast ausnahmslos Schreckensbilder von Gewalt und Tod. Diese Bilder lösen oft eine ungleich stärkere Erinnerung aus wie das eigene positive Erleben in der Realität. Die Bilder aus dem Unbewußten führen auch ins Archaische. Diese Bilder flößen viel Angst ein und lösen ebenso viel Angst aus. Die Bilder aus dem Unbewußten zeigen die evolutionäre Entwicklung des Menschen auf, die die abwärtsdrehende Kausalitäts-Spirale darstellt. Würden wir einen Quantensprung des Bewußtseins wagen, bräuchten wir diese Bilder „der Hölle" nicht auf uns gegenseitig zu projizieren und damit die Ursache zu setzen für die Welt, wie sie sich darstellt. Die Weitergabe von Projektionen ist sehr weitflächig und es gibt kaum Menschen, die davon nicht betroffen sind.

Wir sind nicht nur Sender von Projektionen, sondern eben auch Empfänger von Projektionen. Diese Wechselwirkungen sind mit dem Symbol ⟷ gekennzeichnet.

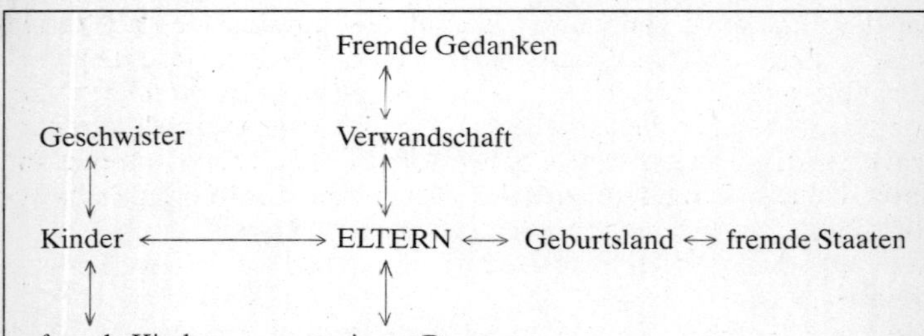

Diese riesige Projektionsfläche durch die Gedankenformen vom Bösen gilt es zu verkleinern durch ein neues, höheres Bewußtsein des Menschen. Nur der Glaube an die Essenz, daß Gott Liebe ist und der Mensch ein „inkarnierter Gott" kann helfen, unser Bewußtsein zu reinigen. Diese Projektionen gilt es zu erkennen und zu duplizieren, denn mit jeder duplizierten Projektion schrumpft die eigene Gedankenform des Bösen zusammen. Es ist wohl die stärkste Belastung des Bewußtseins, das die Seele schmerzlich zu erleiden hat.

Doch damit nicht genug. Wenn wir beginnen, einen geistigen Weg zu gehen, begegnen uns neue Gedankenformen wie Astralkörper, Karma oder Erdstrahlen. Wir beginnen dann, die Möglichkeiten unserer Projektionsfläche wieder zu vergrößern und projizieren das unbewußte Böse auf das Jenseits oder auf bestimmte feinstoffliche Wesenheiten.

Im täglichen Leben erscheinen die Projektionen nicht unbedingt als das „überdimensionale Böse". Die Ausführungen sollten den Ursprung zeigen, wo die Quelle für unsere Projektionen liegt. Bestimmte Arten von Wippen entstehen erst durch Projektionen. Oder durch Manipulationen von Gedanken. Oder durch das Bewußtsein vom Spiegelbild des Menschen für andere Menschen. Auf dem Weg zur Selbstfindung wird uns dieses „Modell" immer wieder angeboten, ehe wir verstehen lernen, daß es nur einen spirituellen Fortschritt geben kann, wenn jeder von uns es wagt, Vorbild zu sein für den anderen. Vorbilder leben oft eine Herausforderung, sich nämlich nicht auf die Stufe anderer herabziehen zu lassen, sich also nicht mit den Problemen anderer zu identifizieren. Dieses Herabziehen geschieht aber so häufig, weil wir das Gute nicht annehmen können und uns deshalb unglücklich fühlen. Doch das Gute anzunehmen ist die einzige Entscheidung, durch die wir in der Lage sind, diesen ewigen Kreislauf von Projektionen ungelöster Probleme zu beenden. Solche Fremdprojektionen erschweren es uns sehr, unsere Selbst-Identität zu leben. Befreien wir uns von diesen Projektionen, öffnet sich für uns der Weg zur Selbstbestimmung.

6. Verdrängung

Verdrängung ist ein scheinbar hilfreicher Mechanismus, um Erlebnisse ins Unbewußte zu befördern, weil wir glauben, damit nicht bewußt fertig zu werden. Was verdrängen wir am meisten und am nachaltigsten? Wir verdrängen unsere vermeintlichen Vorstellungen von Gott, unsere sogenannten Glaubensgrundsätze. Sie erschweren unser Leben. Wer weiß schon, wer er selbst ist, geschweige denn, wer Gott ist? Wie ist unser wirkliches Verhältnis zu Gott, was glauben wir über ihn? Diese unterbewußten Grundstrukturen bestimmen unser Leben.

Das Leben eines Menschen gibt uns Rückschlüsse auf seine Glaubensgrundsätze. In meinen Sitzungen habe ich sie konkret von Menschen erfahren: „Gott ist Leid", von chronisch Kranken oder „Gott ist Sühne", von Menschen, die schwere Schicksalsschläge hinter sich haben. Dem bewußten Wunsch, den göttlichen Willen zu leben, steht oft ein unbewußtes Programm entgegen wie zum Beispiel „Ich habe Zweifel am göttlichen Willen".

Viele dieser Glaubensgrundsätze entstehen durch die Realität, wie wir sie auf der Horizontalen wahrnehmen, durch das, was wir sehen. Daraus ziehen wir dann einen Schluß auf die Existenz Gottes:

„Ich glaube an einen ungerechten Gott"
„Ich glaube an einen zornigen Gott"
„Ich glaube an einen einsamen Gott"
„Ich glaube an einen strafenden Gott"
„Ich glaube an einen Fluch Gottes"

Wir erleben uns einsam und verlassen und schon „glauben" wir, daß uns Gott ausgeschlossen, ausgestossen oder sogar verflucht hat. Wir leiden an einer schweren Krankheit und glauben, daß Gott uns strafen will. Wir erfahren einen schweren Schicksalsschlag und schon glauben wir, daß Gott ungerecht ist. Oder aber wir haben uns mit diesen Glaubensgrundsätzen anderer Menschen identifiziert. Oder wir leben eine Projektion eines solchen Glaubensgrundsatzes.

Die Gottbezüge sprechen Bände. Wir „glauben", Gott die Schuld geben zu müssen für unser Unglück oder für die Armut in dieser Welt. Die Vorstellung von einem Irrtum Gottes, hier auf Erden inkarniert sein zu müssen oder daß er uns strafen will mit diesem Leben, ist sehr weit verbreitet.

Aber die Wirklichkeit ist eben anders als unsere Glaubensgrundsätze, denn Gott ist Liebe und Gnade. Wann beginnen wir zu begreifen, daß wir diese Liebe und Gnade annehmen dürfen, um ein menschliches, ein göttliches Leben führen zu können.

Die Kalifornischen Blüten

Um sich mit den Kalifornischen Blüten erst einmal vertraut machen zu können, sind sie hier alphabetisch geordnet aufgeführt. Zum besseren Verständnis ist hier die amerikanische Bezeichnung auch durch die lateinische und deutsche Nomenklatur ergänzt. Viele der Kalifornischen Blüten sind spezifisch amerikanisch-indianischen Ursprungs und daher bei uns botanisch nicht bekannt. Für die deutsche Übersetzung kann daher oft nur der entsprechende deutsche Gattungsname der Pflanze angegeben werden oder die Übersetzung aus dem Amerikanischen. Für die Anwendung der Heilschwingung der Blüten empfehle ich die Verwendung des amerikanischen Namens.

Zur therapeutischen Arbeit sind die Blüten in alphabetischer Reihenfolge dargestellt und mit der Nummer der Gruppe versehen, in der sie als Heilschwingung auftreten.

Alphabetische Blütenzuordnung zu den 12 Gruppen

Gruppe ↓	Amerikanische Bezeichnung	Lateinische Bezeichnung	Deutsche Bezeichnung
12	**Aloe Vera**	Aloe vera	Aloe
8	**Arnica**	Arnica mollis	Arnika
5	**Basil**	Ocimum bacilicum	Basilienkraut
4	**Black-Eyed Susan**	Rudbeckia hirta	Rauher Sonnenhut
10	**Blackberry**	Rubus ursinus	Brombeere
3	**Bleeding Heart**	Dicentra formosa	Herzglöckerl-Art
11	**Borage**	Borago officinalis	Borretsch
5	**Buttercup**	Ranunculus occidentalis	Hahnenfuß
12	**Calendula**	Calendula officinalis	Ringelblume
4	**Calif. Pitcher Plant**	Darlingtonica californica	Kalif. Schlauchpflanze
9	**California Poppy**	Eschscholzia californica	Kalifornischer Mohn
6	**California Wild Rose**	Rosa californica	Kalifornische Heckenrose
2	**Cayenne**	Capsicum annuum	Paprika
11	**Chamomile**	Anthemis cotula	Kamille
9	**Chapparal**	Larrea speciosa	Jochblattgewächs
8	**Corn**	Zea mays	Mais

7	**Dandelion**	Taraxacum officinalis	Löwenzahn
10	**Deer Brush**	Ceanothus integerrimus	Säckelblume
4	**Dill**	Anethum graveolens	Dill
8	**Dogwood**	Cornus nuttalii	Hartriegel
6	**Filaree**	Erodium cicutarium	Schierlings-Reiherschnabel
5	**Fuchsia**	Fuchsia hybrida	Fuchsie
9	**Garlic**	Allium sativum	Knoblauch
6	**Golden Ear-Drops**	Dicentra chrysantha	Herzblume
11	**Goldenrod**	Solidago speciosa	Goldruten-Art
7	**Hound's Tongue**	Cynoglossum grande	Hundszunge
10	**Indian Paintbrush**	Castilloa miniata	Indianischer Malpinsel
3	**Indian Pink**	Silene californica	Leimkraut
2	**Iris**	Iris douglasiana	Iris
1	**Larkspur**	Delphinium depauperatum	Rittersporn-Art
11	**Lanender**	Lavandula officinalis	Lavendel
2	**Lotus**	Nelumbo nucifera	Lotusblume
8	**Madia**	Madia elegans	Korbblütler Gattung Madie
2	**Mallow**	Malva parviflora	Malve
7	**Mariposa Loly**	Calochortus leichtlinii	Mormonentulpe
2	**Manzanita**	Arctostaphylo viscida	„Kleiner Apfel"
3	**Morning Glory**	Ipomoea purpurea	Trichterwinde
11	**Mount. Pennyroyal**	Monardella oddoratissima	Indianernessel
11	**Nasturtium**	Tropaeolum majus	Kapuziner-Kresse
10	**Mountain Pride**	Penstemon newberryi	Bartfaden-Art
5	**Mugwort**	Artemisia douglasiana	Beifuß-Art
10	**Mullein**	Verbascum thapsus	Königskerze
12	**Oregon Grape**	Berberis aquifolium	Berberitze
1	**Penstemon**	Penstemon davidsonii	Bartfaden-Art
6	**Pepermint**	Mentha piperita	Pfefferminz
8	**Pink Yarrow**	Achillea millefolium	Rosa Schafgarbe
1	**Pomegranate**	Punica granatum	Granatapfel
2	**Quaking Grass**	Briza maxima	Zittergras
4	**Quince**	Chaemoneles speciosa	Quitte
3	**Rabbitbrush**	Chrysothamnus nauseosus	Hasenpinsel
12	**Red Clover**	Trifolium pratense	Wiesenklee
7	**Sagebrush**	Artemisia tridentata	Wermut-Salbei
5	**Saguaro**	Cereus gigantus	Riesensäulenkaktus
1	**Saint John's Wort**	Hypericum perforatum	Johanniskraut
9	**Scarlet Monkeyfl.**	Mimulus cardinalis	Rote Gauklerblume
7	**Scotch Broom**	Cytisus scoparius	Besenginster
3	**Self-Heal**	Prunella vulgaris	Kleine Brunelle

3	**Shasta Daisy**	Chrysanthemum maximum	Margerite
1	**Shooting Star**	Dodecatheon hendersonii	Götterblume
9	**Star Thistle**	Centaurea solstitialis	Flockenblumen-Art
5	**Star Tulip**	Calochortus tolmiei	Katzenohr
8	**Sticky Monkeyfl.**	Mimulus aurantiacus	Gauklerblumen-Art
12	**Sunflower**	Helianthus annuus	Sonnenblume
7	**Sweet Pea**	Lathyrus latifolus	Platt-Erbse
4	**Tansy**	Tanacetum vulgare	Rainfarn
10	**Tiger Lily**	Lilium columbianum	Tiger-Lilie
12	**Trillium**	Trillium chlorapetalum	Liliengewächs
1	**Trumpet Vine**	Campsis tagliabuana	Trompeten-Wein
9	**Violet**	Viola adunca	Veilchen-Art
6	**Yarrow**	Achillea millefolium	Weiße Schafgarbe
4	**Yerba Santa**	Eriodictyon californicum	Heiliges Kraut
6	**Zinnia**	Zinnea elegans	Zinnien-Kraut

Zuordnung der Kalifornischen Blüten zu den Gruppen

Gruppe 1	**Schuldgefühle**	**Gnade**	
1. Kompensation:	Selbstverurteilung	Selbstidentifikation	**Saint Johns Wort**
2. Identifikation:	Intoleranz	Verstehen	**Larkspur**
3. Aufbesserung:	Karma	Selbstfindung	**Trumpet Vine**
4. Umkehrung:	Schuld	Gewissen	**Shooting Star**
5. Projektion:	Festhalten	Glauben	**Pomegranate**
6. Verdrängung:	Gott-Schuld	Selbstvertrauen	**Penstemon**

Gruppe 2	**Entfremdung**	**Selbstverantwortung**	
1. Kompensation:	Selbstentfremdung	Selbstachtung	**Mallow**
2. Identifikation:	Wissen	Weisheit	**Cayenne**
3. Aufbesserung:	Verfremdung	Integrität	**Iris**
4. Umkehrung:	Fremdherrschaft	Willenskraft	**Lotus**
5. Projektion:	Manipulation	Selbstverwirklichung	**Manzanita**
6. Verdrängung:	Gott-Furcht	Selbstzentrierung	**Quaking Grass**

Gruppe 3	**Illusionen**	**Selbstidentität**	
1. Kompensation:	Selbstzerstörung	Selbstheilung	**Bleeding Heart**
2. Identifikation:	Schmerz	Selbstüberwindung	**Self Heal**
3. Aufbesserung:	Selbstsucht	Herzenswärme	**Rabbitbrush**
4. Umkehrung:	Pflichterfüllung	Heiterkeit	**Morning Glory**
5. Projektion:	Leistungszwang	Selbstgestaltung	**Shasta Daisy**
6. Verdrängung:	Gott-Verweigerung	Offenheit	**Indian Pink**

Gruppe 4	**Proteste**	**Selbstverständnis**	
1. Kompensation:	Selbstverleugnung	Selbstliebe	**Tansy**
2. Identifikation:	Armut	Geben	**Dill**
3. Aufbesserung:	Kritiksucht	Annehmen	**Black-Eyed-Susan**
4. Umkehrung:	Disziplinlosigkeit	Reife	**Calif. Pitcher Plant**
5. Projektion:	Auflehnung	Anpassungsfähigkeit	**Yerba Santa**
6. Verdrängung:	Gott-Irrtum	Gesetz	**Quince**

Gruppe 5	**Unterdrückung**	**Macht der Fähigkeiten**	
1. Kompensation:	Selbstrechtfertigung	Selbstbestimmung	**Mugwort**
2. Identifikation:	Schwäche	Selbstdarstellung	**Star Tulip**
3. Aufbesserung:	Kämpfen	Dienen	**Fuchsia**
4. Umkehrung:	Vergangenheit	Klarheit	**Buttercup**
5. Projektion:	Glaube an das Böse:	Ehrlichkeit	**Basil**
6. Verdrängung:	Gotteslästerung	Überantwortung	**Saguaro**

Gruppe 6	**Fanatismus**	**Wahrheit**	
1. Kompensation:	Selbstbeschränkung	Selbstbehauptung	**Filaree**
2. Identifikation:	Überzeugen	Geduld	**Golden Ear Drops**
3. Aufbesserung:	Rechthaberei	Solidarität	**Yarrow**
4. Umkehrung:	Extreme	Stabilität	**Calif. Wild Rose**
5. Projektion:	Gewalt	Lebensfreude	**Zinnia**
6. Verdrängung:	Gott-Fluch	Gerechtigkeit	**Pepermint**

Gruppe 7	**Hass**	**Vergebung**	
1. Kompensation:	Selbsthass	Selbstbesinnung	**Mariposa Lily**
2. Identifikation:	Widerstand	Autorität	**Sagebrush**
3. Aufbesserung:	Feindschaft	Brüderlichkeit	**Hounds Tongue**
4. Umkehrung:	Narzißmus	Mitgefühl	**Scotch Broom**
5. Projektion:	Aufopferung	Hilfsbereitschaft	**Sweet Pea**
6. Verdrängung:	Gott-Zorn	Läuterung	**Dandelion**

Gruppe 8	**Mitleid**	**Selbstzufriedenheit**	
1. Kompensation:	Selbstmitleid	Selbsthingabe	**Arnica**
2. Identifikation:	Lügen	Barmherzigkeit	**Madia**
3. Aufbesserung:	Sünde	Freiheit	**Sticky Monkeyflower**
4. Umkehrung:	Verherrlichung	Selbstlosigkeit	**Pink Yarrow**
5. Projektion:	Krankheit	Selbstbewußtsein	**Corn**
6. Verdrängung:	Gott-„Frömmigkeit“	Demut	**Dogwood**

Gruppe 9	**Zweifel**	**Entscheidungen**	
1. Kompensation:	Selbstzweifel	Selbstbejahung	**Star Thistle**
2. Identifikation:	Nachahmung	Persönlichkeit	**California Poppy**
3. Aufbesserung:	Idealisierung	Realität	**Chapparal**
4. Umkehrung:	Ruhelosigkeit	Geborgenheit	**Scarlet Monkeyflower**
5. Projektion:	Unsicherheit	Hoffnung	**Garlic**
6. Verdrängung:	Gott-Isolation	Güte	**Violet**

Gruppe 10	**Aggressionen**	**Treue**	
1. Kompensation:	Autoaggression	Selbstvollkommenheit	**Mullein**
2. Identifikation:	Emotionalität	Wahrnehmung	**Deer Brush**
3. Aufbesserung:	Perfektionismus	Natürlichkeit	**Indian Paintbruch**
4. Umkehrung:	Eifersucht	Sexualität	**Blackberry**
5. Projektion:	Fremdgehen	Selbstbildnis	**Tiger Lily**
6. Verdrängung:	Gott-Leid	Fülle	**Mountain Pride**

Gruppe 11	**Erniedrigung**	**Selbstwert**	
1. Kompensation:	Selbsterniedrigung	Selbsteinschätzung	**Mountain Pennyroyal**
2. Identifikation:	Unmenschlichkeit	Göttlichkeit d. Menschen	**Nasturtium**
3. Aufbesserung:	Verleumdung	Aufrichtigkeit	**Chamomole**
4. Umkehrung:	Zwangsherrschaft	Selbstachtung	**Goldenrod**
5. Projektion:	Spiegelbild	Vorbild	**Borage**
6. Verdrängung:	Gott-Sühne	Selbst-Sein	**Lavender**

Gruppe 12	**Angst**	**Liebe**	
1. Kompensation:	Todesangst	Selbstwürde	**Oregon Grape**
2. Identifikation:	Lebensangst	Gewißheit	**Red Clover**
3. Aufbesserung:	Zukunftsangst	Dankbarkeit	**Sunflower**
4. Umkehrung:	Bestrafungsangst	Wagemut	**Calendula**
5. Projektion:	Versagensangst	Vollendung	**Aloe Vera**
6. Verdrängung:	Gott-Strafe	Urvertrauen	**Trillium**

Auswirkungen von Blockaden auf Energiefelder im physischen Körper

Organe und Systeme

Der physische Körper mit seinen übergeordneten Systemen wie zum Beispiel Stoffwechsel, Knochen und Organen hat einen Energiekörper, bekannt als Aura. Im Energiekörper sind alle feinstofflichen Informationen enthalten. Alle Emotionen und alle Gedankenformen sind dort zu finden, aber auch die Information über entstehende oder bereits physisch manifestierte Krankheiten. Der physische Körper kann nur gesunden und gesund bleiben, wenn der ihn umgebende Energiekörper in Harmonie ist.

Der Energiekörper, und in der Folgezeit der physische Körper, reagieren ganz spezifisch auf bestimmte *Ursachen*. So wirken sich zum Beispiel Schuldgefühle (1. Gruppe) auf die Sinnesorgane aus und nicht auf den Magen oder als Ischias. Die Zuordnung der Blüten zu den 12 Gruppen ist eine Hilfe für den Erkenntnisprozeß und für das Wachstum einer höheren Wahrheit. So kann zum Beispiel eine Ohrentzündung uns die Erkenntnis geben, daß irgendjemand oder irgendetwas in uns Schuldgefühle ausgelöst hat. Störungen im physischen Körper geben uns also einen Rückschluß auf die Ursache; sie hilft uns, leichter den Auslöser zu finden. Wir können uns dann fragen, mit wem wir Kontakt hatten oder mit was wir uns geistig beschäftigten. Und schon können wir diese konkreten Situationen duplizieren und danach noch die entsprechende Blüte anwenden, um in ähnlichen Situationen nicht wieder mit Schuldgefühlen zu reagieren.

Ich habe die Organe und Systeme den einzelnen Gruppen zugeordnet, um einen großen Spielraum für die individuellen Krankheitsinformationen zu geben. Wie wir dann eine der 6 Blüten herausfinden, beschreibe ich im Therapie-Teil.

Gruppe	1	Schuldgefühle	–	Sinnesorgane
	2	Entfremdung	–	Sexualorgane
	3	Illusionen	–	Haut
	4	Proteste	–	Atmung
	5	Unterdrückung	–	Knochen, Gelenke, Zähne
	6	Fanatismus	–	Nerven
	7	Haß	–	Herz-Kreislauf
	8	Mitleid	–	Verdauungsorgane
	9	Zweifel	–	Wirbelsäule
	10	Aggressionen	–	Gehirn, Muskeln
	11	Erniedrigung	–	Stoffwechsel
	12	Angst	–	Urogenitaltrakt

Zuordnung der Kalifornischen Blüten zu den Organen und Systemen:

1. Sinnesorgane	Saint Johns Wort, Larkspur, Trumpet Vine, Shooting Star, Pomegranate, Penstemon
2. Sexualorgane	Mallow, Cayenne, Iris, Lotus, Manzanita, Quaking grass
3. Haut	Bleeding heart, Self-heal, Rabbitbrush, Morning Glory, Shasta Daisy, Indian Paintbrush
4. Atmung	Tansy, Dill, Black-Eyed-Susan, Calif. Pitcher Plant, Yerba Santa, Quince
5. Knochen, Zähne Gelenke	Mugwort, Star Tulip, Fuchsia, Buttercup, Basil, Saguaro
6. Nerven	Filaree, Golden Ear Drops, Yarrow, Calif. Wild Rose, Zinnia, Pepermint
7. Herz-Kreislauf	Mariposa Lily, Sagebrush, Hounds Tongue, Scotch Broom, Sweet Pea, Dandelion
8. Verdauungsorgane	Arnica, Madia, Sticky Monkeyflower, Pink Yarrow, Corn, Dogwood
9. Wirbelsäule	Star Thistle, Calif. Poppy, Chapparal, Scarlet Monkeyflower, Garlic, Violet
10. Gehirn, Muskeln	Mullein, Deer Brush, Indian Paintbrush, Blackberry, Tiger Lily, Mountain Pride

11. Stoffwechsel	Mountain Pennyroyal, Nasturtium Chamomile, Goldenrod, Borage, Lavender
12. Urogenitaltrakt	Oregon Grape, Red Clover, Sunflower, Calendula, Aloe Vera, Trillium

Die 12 Tierkreiszeichen

Die Beziehung zwischen Tierkreiszeichen und physischem Körper hat ihre Bedeutung an der Entsprechung, daß alle 12 Tierkreiszeichen-Energien in jedem Menschen inform von Energiefeldern vorhanden sind.

Geht es uns nicht allen so beim Lesen astrologischer Bücher, daß wir uns auch mit anderen Sternzeichen identifizieren können? Das ist ganz natürlich. Wenn unser Körper mit seinem Mikrokosmos dem Makrokosmos entspricht, dann sind in uns auch alle Planeten und damit die Tierkreiszeichen. Warum sollten wir nur einen kleinen Teil des Sternenhimmels – unser Tierkreiszeichen – für uns in Anspruch nehmen?

Die Typologie des Menschen ist wohl nirgends so gut und umfassend dargestellt wie in der Astrologie, der Lehre der Planeteneinflüsse durch die 12 Tierkreiszeichen. In diesem Zusammenhang ist die Zuordnung zu den einzelnen Gruppen von Bedeutung.

Widder	–	10. Gruppe:	Aggressionen
Stier	–	6. Gruppe:	Fanatismus
Zwilling	–	9. Gruppe:	Zweifel
Krebs	–	1. Gruppe:	Schuldgefühle
Löwe	–	11. Gruppe:	Erniedrigung
Jungfrau	–	2. Gruppe:	Entfremdung
Waage	–	3. Gruppe:	Illusionen
Skorpion	–	4. Gruppe:	Proteste
Schütze	–	12. Gruppe:	Angst
Steinbock	–	5. Gruppe:	Unterdrückung
Wassermann	–	7. Gruppe:	Haß
Fische	–	8. Gruppe:	Mitleid

Astrologie ist in dem Maße hilfreich, wie wir über sie erfahren, was wir am meisten zu überwinden haben, wo ernste Schwächen liegen und wo unsere Stärken und Fähigkeiten sind.

Der *Aszendent*, das zur Geburtsstunde am östlichen Horizont aufsteigende Sternbild, steht für die Ursachen-Energie, die wir persönlich zu konfrontieren und zu überwinden haben. Die Resonanz auf diese *Haben*-Strukturen ist dort am größten und hindert uns am göttlichen Bewußtsein. Sie wirken unsere Versuchung und unser Prüfstein zugleich, sozusagen das persönliche „Nadelöhr". Mit „persönlich" ist der Bereich der Partnerschaft (Ehe), aber auch der der engsten Familie gemeint.

Die Sonnen-Position am Geburtstag zeigt unsere größten Fähigkeiten, die wir überpersönlich einzusetzen und nach außen zu leben haben, also der soziale oder Berufs-Aspekt. Die *Seins*-Strukturen kommen hier zu ihrer vollen Entfaltung. Wenn wir die Hindernisse der *Haben*-Struktur als Herausforderung unseres Lebens nutzen, dann können wir die transformierten Energien für die Gemeinschaft einsetzen und förderlich für unsere eigene Selbstverwirklichung umwandeln.

Die 12 Planeten

Die 12 Planeten symbolisieren Energien, die als „Planetenbahnen" in uns vorhanden sind. Sie stellen die Verbindung zwischen uns und den kosmischen Kräften her. Wie intensiv und wie harmonisch diese Kräfte wirken, macht unsere Lebensfähigkeit aus.

Am Anfang unseres Jahrhunderts kannte man nur 7 Planeten, inzwischen hat die Wissenschaft 3 weitere Planeten entdeckt. Wissenschaftlich apostrophiert sind bereits zwei weitere, der 11. und 12. Planet, die in der bisherigen Literatur unterschiedlich bezeichnet werden. Ich nenne sie hier Adorus und Chronos. Auch wenn diese beiden Planeten noch nicht wissenschaftlich nachgewiesen sind, muß es von der Analogie her 12 Planeten in unserem Sonnensystem geben.

Die Zuordnung der Planeten zu den Tierkreiszeichen:

1. Mars	–	Widder
2. Adorus	–	Stier
3. Merkur	–	Zwilling
4. Mond	–	Krebs
5 Sonne	–	Löwe
6. Chronos	–	Jungfrau
7. Venus	–	Waage
8. Pluto	–	Skorpion
9. Jupiter	–	Schütze
10. Saturn	–	Steinbock
11. Uranus	–	Wassermann
12. Neptun	–	Fische

Wo aber liegen diese Energiefelder der Planeten in unserem Körper? Im endokrinen Drüsensystem, dem Mittler zwischen physischer und kosmischer Energie. Wollten wir diese Felder medizinisch, das heißt nur physisch verstehen, würden mehr Fragen auftauchen als beantwortet werden können. Meine Antwort:

Die Planetenkräfte entsprechen unseren Chakren!

Daß es 12 Hauptchakren gibt, habe ich in meinem Buch „Heilung durch Erkenntnis" beschrieben. Der Bezug der Chakren zum Endokrinium ist aber schon lange bekannt. Sie sind der Steuerungs- und Schaltplan für den gesamten funktionellen Ablauf im Körper. Viele Krankheiten sind erst dadurch heilbar, daß der kosmische Energiefluß über die Chakren richtig hergestellt ist.

Die Chakren (Planetenkräfte) zeigen unsere seelische und geistige Entwicklung an. Ein mutwilliges Eingreifen in diese feinstrukturierten Abläufe ist jedoch nicht zu empfehlen, Entwicklung können wir nicht erzwingen. Oft wird alleine durch den Erkenntnisprozeß, der uns zeigt, was uns gehindert hat, die volle kosmische Energie anzunehmen, eine neue rasante Entwicklung in Gang gesetzt. Die Kalifornischen Blüten helfen uns, diese neuen Energien auch zu stabilisieren und in Klarheit des Denkens, Geborgenheit der Gefühle, Humor und Selbstvertrauen umzusetzen.

Die Zuordnung der Chakren zu den Drüsen und Planeten

Planet	Chakra	Drüsensystem	Gruppe
Mars	10. Harmonie-Chakra	Solarplexus	10. Aggressionen
Adorus	6. Stirn-Chakra	Nebennieren	6. Fanatismus
Merkur	9. Individuations-Chakra	Rückenmark	9. Zweifel
Mond	1. Wurzel-Chakra	Bauchspeicheldrüse	1. Schuldgefühle
Sonne	11. Autoritäts-Chakra	Hypophyse	11. Erniedrigung
Chronos	2. Nabel-Chakra	Sexualdrüsen	2. Entfremdung
Venus	3. Milz-Chakra	Hypothalamus	3. Illusionen
Pluto	4. Herz-Chakra	Thymusdrüse	4. Proteste
Jupiter	12. Einheits-Chakra	Pinealdrüse	12. Angst
Saturn	5. Hals-Chakra	Schilddrüse	5. Unterdrückung
Uranus	7. Scheitel-Chakra	Epiphyse	7. Haß
Neptun	8. Geist-Chakra	Thalamus	8. Mitleid

Die Einwirkung von Planetenkräften auf unser Schicksal hat Menschen schon seit Jahrtausenden fasziniert, aber auch determiniert, das heißt vorherbestimmt – ein heikles, brisantes Thema. Die grundsätzliche Frage, die den Menschen beschäftigt, ist:

Vorherbestimmung oder Selbstbestimmung?

Die Planeten haben zweifellos einen großen Einfluß auf uns. Doch durch höheres Bewußtsein haben wir Einfluß auf die Wirkung der Planeten in uns! Die Intensität der Beeinflussung durch sie hängt von unserer *Haben-Seins-Spirale* ab: Je mehr wir uns im göttlichen Bewußtsein entwickeln, desto geringer wird die Abhängigkeit und desto größer die Nutzung dieser Kräfte. Je weniger *Haben*-Strukturen uns am Empfangen dieser reinen kosmischen Energien hindern, desto besser können wir uns selbstbestimmt entwickeln.

Die Erfahrungen von Determinationen durch Astrologen und Hellseher gehören mit zum Eindrucksvollsten, was ich in der therapeutischen Erkenntnisarbeit mit Menschen erlebt habe. Aussagen wie zum Beispiel „Der Saturn hemmt Ihr Bewußtsein solange, bis Sie erleuchtet sind", verursachen weitreichende Blockierungen in diesen Menschen. Wer weiß schon, wann er erleuchtet ist? Und wie lebt es sich bis dahin mit diesem Bewußtsein der andauernden Hemmung? Andere Aussagen, wie zum Beispiel „Die Konstellation des Neptuns verursacht bei Ihnen Darmkrebs“, ist wie ein Damoklesschwert über einem Menschen, der gepeinigt ist von der Angst vor Krebs. Und gerade Angst ist ein wesentlicher Faktor für diese Krankheit. Angst ist die sich am schnellsten manifestierende Energie!

Mit Hilfe dieser „Kalifornischen Blüten-Therapie“ können wir disharmonische Planetenkräfte „entladen“. Und dabei kann die Frage geklärt werden, durch welche Resonanz in uns diese Aussagen angezogen wurde. Fast jeder von uns hat unbewußt so eine Determination, mit der er fertig werden muß.

Determination entspricht der Kausalitäts-Spirale und hindert unsere Seele, „ihren Raum“ optimal einzunehmen. Auch nach Jahren oder Jahrzehnten können wir unter Einflüssen von Determinationen stehen, zum Beispiel „Sie werden einmal einsam und ohne Freunde sterben“. Stehen wir unter dem Einfluß solcher Kräfte, dann können wir über die dazugehörige(n) Blüte(n) zur Selbstbestimmung zurückfinden – denn dadurch breitet die Seele die Macht ihrer eigenen Fähigkeiten wie Flügel aus.

Vorherbestimmung ist die Macht des Unbewußten.
Selbstbestimmung ist die Macht des Glaubens.

Die Selbstbestimmung zeigt uns einen dynamischen Weg in die persönliche Freiheit und in die übergeordnete kosmische Aufgabe.

Zusammenfassender Überblick

Ursache	Essenz	Tierkreis	Planet	Organbezug	Chakra	Drüsen
1. Schuldgefühle	– Gnade	– Krebs	– Mond	– Sinnesorgane	– Wurzel	– Pankreas
2. Entfremdung	– Selbstverantwortung	– Jungfrau	– Chronos	– Sexualorgane	– Nabel	– Sexualdrüsen
3. Illusionen	– Selbstidentität	– Waage	– Venus	– Haut	– Milz	– Hypothalamus
4. Proteste	– Selbstverständnis	– Skorpion	– Pluto	– Atmung	– Herz	– Thymusdrüse
5. Unterdrückung	– Macht d. Fähigkeiten	– Steinbock	– Saturn	– Knochen, Gelenke	– Hals	– Schilddrüse
6. Fanatismus	– Wahrheit	– Stier	– Adorus	– Nervensystem	– Stirn	– Nebennieren
7. Hass	– Vergebung	– Wassermann	– Uranus	– Herz/Kreislauf	– Scheitel	– Epiphyse
8. Mitleid	– Selbstzufriedenheit	– Fische	– Neptun	– Verdauungsorgane	– Geist	– Thalamus
9. Zweifel	– Entscheidungen	– Zwilling	– Merkur	– Wirbelsäule	– Individuation	– Rückenmark
10. Aggressionen	– Treue	– Widder	– Mars	– Gehirn, Muskeln	– Harmonie	– Solarplexus
11. Erniedrigung	– Selbstwert	– Löwe	– Sonne	– Stoffwechsel	– Autorität	– Hypophyse
12. Ängste	– Liebe	– Schütze	– Jupiter	– Urogenitaltrakt	– Einheit	– Pinealdrüse

Die 12 Gruppen – dargestellt in Typogrammen

Zum besseren Verständnis habe ich zu jeder *Haben-Sein-Gruppe* mit ihren sechs Blüten ein sogenanntes Typogramm beschrieben. Es stellt kein Psychogramm des Menschen dar, sondern seine eigenen energetischen Strukturen sowie die energetischen Wirkungen in Beziehung zu anderen Menschen.

In seinem Verhalten und in seinen Sprachgewohnheiten drückt der Mensch seine unbewußten Strukturen, seine Programme aus. Er offenbart sich jedem, der gelernt hat, Menschen mit ihren ausstrahlenden Energien wahrzunehmen. Intensivere Wahrnehmung führt zu höherem Bewußtsein.

Mit der Zeit können wir Auslöser von Ursachen unterscheiden. Auslöser sind Begebenheiten des Alltags, die in uns eine unbewußte Reaktion aktivieren, die uns in Emotion geraten oder auch plötzlich in Depression verfallen lassen. Normalerweise achten wir nicht darauf. Wir sind eben wechselhaft – wie das Wetter. Das scheint uns ganz normal zu sein.

Erst Krankheiten oder Schicksalsschläge veranlassen uns, nach Innen zu schauen, die eigenen Reaktionen zu beobachten und festzustellen, durch wen oder was sie ausgelöst werden. Das hilft sehr beim Duplizieren. Bewußt wahrnehmend durchs Leben zu gehen ist eine große Bereicherung. Es wird so interessant und faszinierend, daß die Freude am Leben wächst.

Die Wahrheit über sich selbst zu erfahren, ist nicht immer ein „Honigschlecken", es kann uns betroffen machen oder uns auch entsetzen; doch jedes Erkennen und Akzeptieren befreit uns von Zentnern alter Lasten, die wir bis dahin verdrängt, unterdrückt, kompensiert oder projiziert hatten. Denn alles ist alter Ballast, seelischer Müll, den wir in uns angesammelt haben. Was dann zum Vorschein kommt, ist der göttliche, der lichte Mensch mit der Gewißheit seiner vergebenden, reinen Seele.

Die Darstellung der Typogramme sollen das Verstehen der *Haben-* und der *Seins-*Strukturen fördern, um zu erfahren, was die Kalifornischen Blüten eigentlich bewirken mit ihrer reinigenden Heilkraft, um ihnen gegenüber eine noch größere Achtung, Dankbarkeit und Demut zu empfinden.

TYPOGRAMM der 1. Gruppe:

Reines Gewissen – damit ich meine Seele lieben kann

	Schuldgefühle (Ursache)	–	**Gnade** (Essenz)	**Sinnesorgane** (Körperbezug)
1. Kompensation:	Selbstverurteilung	–	Selbstidentifikation	**Saint Johns Wort**
2. Identifikation:	Intoleranz	–	Verstehen	**Larkspur**
3. Aufbesserung:	Karma	–	Selbstfindung	**Trumpet Vine**
4. Umkehrung:	Schuld	–	Gewissen	**Shooting Star**
5. Projektion:	Festhalten	–	Glauben	**Pomegranate**
6. Verdrängung:	Gott-Schuld	–	Selbstvertrauen	**Penstemon**

Eine reine Seele ist eine lichte Seele, erlöst und heiter. Warum aber haben wir unsere Seele im Lauf der Zeit so beladen mit eigenem und mit fremdem Ballast, daß es uns schwerfällt, uns wirklich so zu lieben wie wir sind? Damit wir uns wieder lieben lernen, reinigen wir unsere Seele jetzt bewußt. Wir lösen damit den unbewußten Läuterungsprozeß der Seele ab. Es ist unsere Aufgabe, uns bewußt zu machen, wohin und woran wir unsere Seele verloren haben. Denn das Gefühl des Verlustes oder der Einschränkung der Seele macht uns Schuldgefühle. Wir haben dann unsere Seele „verkauft für ein Linsengericht". Das Linsengericht steht als Sinnbild für die Horizontale (siehe auch Seite 10), dem Leben außerhalb des Gottbewußtseins.

Begegnen wir der Wirklichkeit Gottes, beginnt damit zugleich der bewußte Reinigungsprozeß unserer Seele. Das bedeutet Licht für die Seele und – Licht für unsere Körperzellen. Sie sind ebenso ein Ausdruck und Abbild unserer Wirklichkeit. Schuldgefühle z.B. können das Lichte in unseren Körperzellen sehr beeinträchtigen. Gedanken von Karma (die Kausalitäts-Spirale über viele Inkarnationen hinweg), Schuld und Tod verfinstern unser Gemüt und auch unsere Körperzellen. Licht ist Lebensnahrung. So wie wir uns an Sonnentagen meist viel heiterer und ausgeglichener fühlen, so brauchen unsere Zellen die Lebensnahrung „inneres Licht" durch unser Bewußtsein, durch lichte Gedanken von Glauben und Verstehen. Dieses Licht hat eine sehr starke Heilwirkung und schafft Selbstvertrauen.

Erfahren wir das „innere Licht", können wir uns mit unserem *Selbst*identifizieren. Dieses Licht können wir nur in der Stille erfahren. Wir benötigen einen Raum der Ruhe, einen Raum, der eine gute „Schwingung" hat, wo wir uns wohlfühlen, um die Reise nach Innen antreten

POMEGRANATE

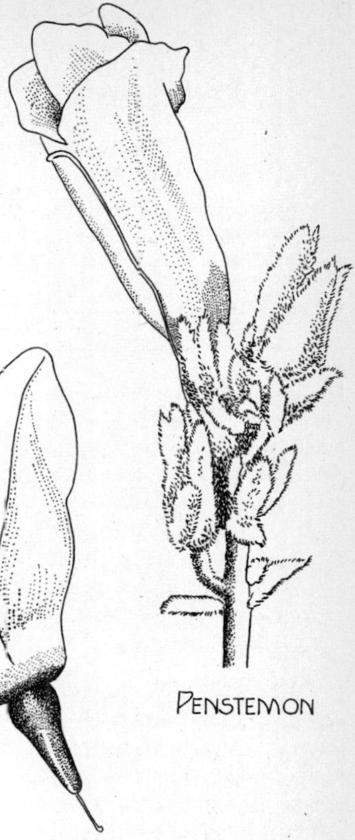

PENSTEMON

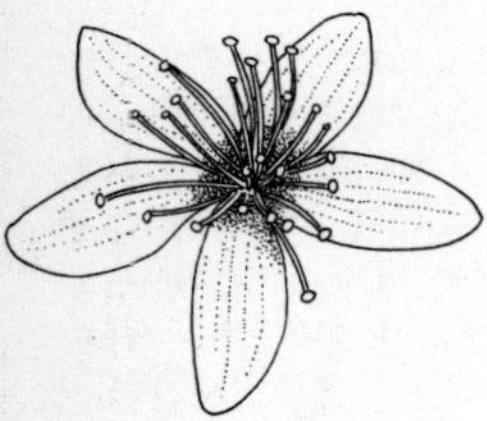

SAINT JOHN'S WORT

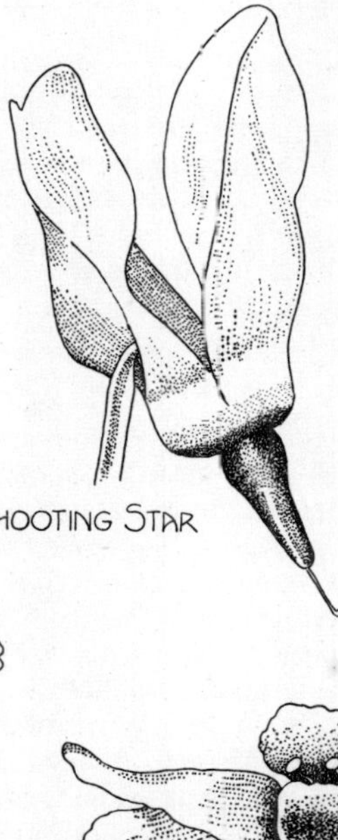

SHOOTING STAR

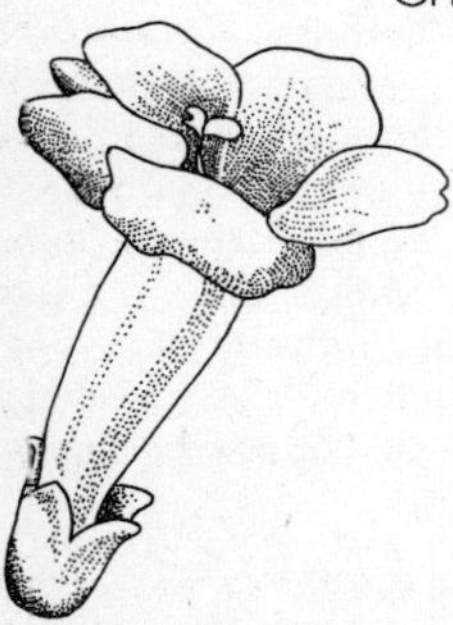

TRUMPET VINE

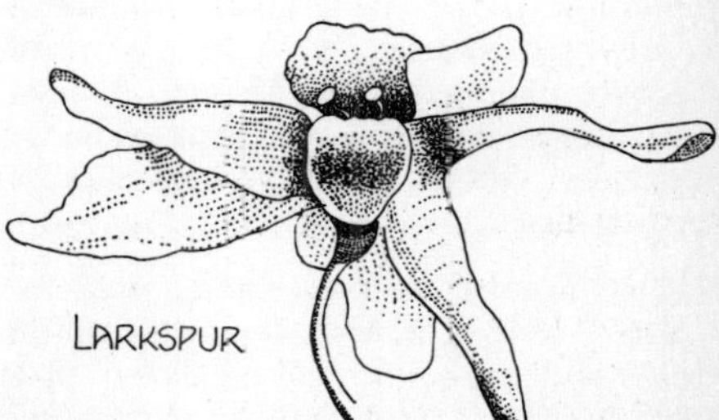

LARKSPUR

zu können. Eine wichtige Voraussetzung ist, daß wir uns frei machen von der Meinung anderer. Wir haben unsere Selbstfindung mit unserem eigenen Gewissen zu vereinbaren. Niemand anderes kann wirklich wissen, was gut für uns ist.

Wir müssen uns bewußt werden, daß das Festhalten an den Meinungen anderer hauptsächlich aus einem starken Anerkennungsbedürfnis heraus kommt. „Gebrauchen" wir nicht die anderen dazu, uns anzuerkennen. Geben wir anderen *die* Anerkennung, die sie brauchen – und wir fühlen uns herrlich befreit. Das ist leichter gedacht als getan. Dazu bedarf es einer selbstidentischen Persönlichkeit mit ausgeprägtem Selbstvertrauen. Daran mangelt es jedoch den meisten Menschen. Die Ursache dafür ist in den unbewußten Schuldgefühlen anderen Menschen gegenüber zu finden.

Woran erkennen wir unsere Schuldgefühle? An der Einstellung zur Welt, an der Einstellung dem Mitmenschen gegenüber. Wir erleben Weltschmerz als Wirkung, wo liegt die Ursache? In den Schuldgefühlen, andere verurteilt zu haben: ihren Egoismus, ihr Haben-Wollen, ihre Oberflächlichkeit, ihr Menschsein. Das Schicksal anderer bewegt uns sehr. Wir tragen schwer am Gewissen der Welt; aber das Urteil über 'die Welt' fällt hart aus. Wir zweifeln an Gott mit der Frage: Wie kann Gott dieses viele Elend zulassen? Doch dieses Elend sehen wir durch die Brille mangelnden Selbstvertrauens.

Gott aber ist ein „*Gott der Gnade*" – für jeden Menschen. Wir machen uns Gott gegenüber schuldig, wenn wir meinen, auch noch die Selbstverurteilung eines anderen Menschen auf uns laden zu müssen. Die eigene Selbstverurteilung macht uns schon zu schaffen und erzeugt eine Resonanz zu Situationen, die uns das Gefühl geben, daß andere Menschen bewußt gegen uns handeln: Sie sind besonders laut, wenn wir Ruhe brauchen; sie sind sehr unfreundlich, wenn wir gerade ein aufmunterndes, liebes Wort gebraucht hätten; sie sind desinteressiert, wenn wir ein Gespräch wünschen. Wir haben einfach das Gefühl, die Menschen nehmen keine Rücksicht auf uns. Dadurch verhärten wir innerlich immer mehr und ziehen uns zurück von den Menschen unserer Umgebung. Wir sagen: Wir ziehen uns zurück aus dieser Welt, nur ist das eben nicht möglich.

Haben wir uns letztlich ganz von den Menschen zurückgezogen, dann ist es die Welt mit ihrem grellen Licht, das uns stört oder die zwitschernden Vögel am frühen Morgen, die uns den Schlaf rauben oder ein klapperndes Heizungsrohr, das uns auf die Nerven geht. Emotionen stauen sich auf gegenüber diesen Menschen, von denen wir glauben, sie seien rücksichtslos; sie machen uns zornig, verbittert oder wir fangen an, sie zu hassen. Diese negativen Gefühle lösen erneut Schuldgefühle in uns aus. Setzen wir uns schimpfend mit diesen Menschen auseinander, so ist das als unbewußtes Bemühen anzusehen, die Schuldgefühle auf sie zu projizieren.

Wie gehen wir mit unseren Schuldgefühlen um? Haben wir konkrete Schuldgefühle einem bestimmten Menschen gegenüber, so können wir diesem Menschen verzeihen und dürfen Gott um Vergebung bitten. Können wir diese Vergebung annehmen, dann haben wir auch die Gnade Gottes angenommen. Die Befreiung von Schuldgefühlen öffnet weite Tore unserer Seele. Es ist das Gefühl, als würden wir von der Quelle des Lebens überflutet. Halten wir jedoch an Schuldgefühlen fest, so bekommen wir sie als Körper-Auslöser in Form einer Störung der Sinnesorgane zu spüren – vor allem über die Augen und Ohren. Die Augen, die immer nur das Schlechte sehen anstatt das Gute, verlieren ihre Sehschärfe. Die Ohren, die nur das Schlechte oder das Laute hören anstelle des Guten und Schönen, verlieren ihre Hörfähigkeit.

Brennende Augen, verschwommenes oder schwächer werdende Sehschärfe sind Warnzeichen, die uns andeuten, daß wir mit unserer Energie verzerrt umgehen. Unser Tun darf nicht in blindem Eifer ausarten und uns erschöpfen, weil wir versäumt haben, auf unsere Intuition zu hören. Diese Störungen sind oft der Hinweis, daß wir unsere Aktivitäten in falsche Richtungen gelenkt haben. Durch zuviel Eifer gleiten wir ins Unbewußte ab und zwingen auch andere Menschen dazu, einen ihnen nicht bestimmten Weg zu gehen, was wiederum unser Gewissen belastet, auch wenn es uns nicht bewußt ist. Augen und Ohren sind ja nicht nur im physischen Sinne Sinnesorgane, sondern auch im metaphysischen: Wir können mit dem „inneren Auge" sehen und mit dem „inneren Ohr" hören.

Haben wir Probleme mit unseren Sinnesorganen, dann fragen wir uns: welcher Wirklichkeit verschließen wir uns? Doch welche Wirklichkeit befreit uns von unseren Schuldgefühlen? Der Glaube an die Gnade Gottes! Was hindert uns denn so sehr, an sie zu glauben? Das Festhalten an der Vorstellung von Karma, dem Gesetz von Ursache und Wirkung über Inkarnationen hinweg. In dem Wort Karma steckt das Wörtchen arm: Glauben wir an Karma, verarmt unser schöpferisches Potential.

Wie weit ist die Vorstellung verbreitet, daß wir mit unserem Schicksal unser Karma abbauen! Oder die Vorstellung, daß Gurus fähig sind, uns unser Karma abnehmen zu können. Dieses Bewußtsein stellt sich dann ein, wenn wir das Vertrauen in die Gnade und in unsere eigene Selbstbestimmung nicht haben und es uns dadurch an Selbstvertrauen und Gottvertrauen mangelt.

Zum anderen halten wir fest an Schuld. Ehen wurden und werden nach dem Schuldprinzip geschieden. Haben wir etwas Unangenehmes getan, suchen wir sofort einen Schuldigen. Fahren wir beispielsweise mit dem Auto auf ein anderes aus Unachtsamkeit auf, suchen wir alle Gründe und Argumente, daß der andere wenigstens auch mitschuldig ist. Selbst Verbrecher und Mörder stehen selten zu ihrer Tat, sondern suchen nach Schuldigen dafür. Und wenn es nicht die Umstände sind, die sozialen Bedingungen oder die „böse Welt", dann geben wir eben Gott dafür die Schuld – schließlich könnte er doch für eine bessere Welt sorgen und wenigstens für uns die kosmischen Gesetzmäßigkeiten aufheben. Dieses „Ballspielen" von Schuld und Schuldgefühlen belastet unser Gewissen schwer. Finden wir uns selbst, unsere kosmische Einordnung, finden wir unsere Identifikation mit dem Göttlichen, reinigt sich damit auch unser Gewissen.

Auf dem Weg beginnen wir zu verstehen, daß jeder seinen Weg der Selbstfindung geht und daß dieser Weg kosmisch richtig ist für jeden von uns. Durch immer größer werdendes Verstehen werden wir tolerant und brauchen nicht länger an Vorurteilen festzuhalten. Loslassen aber tut weh; ein Schmerz, der eigentlich schnell überwunden wäre. Schmerz ist also der Ausdruck des inneren Kampfes, etwas hergeben zu müssen, woran wir noch festhalten wollen. Was zwingt uns zu dieser Haltung? Wir haben noch nicht das Vertrauen, daß auf das Losgelassene etwas Besseres folgt. Das Erstaunliche ist, daß ungelöste Konflikte spiralförmig immer wieder auftauchen. So ist es zu verstehen, daß Menschen, die sehr viel erkannt und sich bewußt gemacht haben, auf „höheren" Ebenen wieder in ähnliche Schwierigkeiten geraten. Es gehört eine Entscheidung dazu, Selbstvertrauen und Gottvertrauen zu haben: *Loszulassen*, damit ein Neubeginn möglich ist, um Raum zu schaffen für das Göttliche in uns – durch den Glauben.

Warum hat der Glauben eine so große Kraft? Glauben ist die schöpferische göttliche Kraft in uns! Fühlen wir uns mit dieser Kraft eins: „Alle Dinge sind dem möglich, der da glaubt" und „Euch geschehe nach eurem Glauben".

TYPOGRAMM der 2. Gruppe:

Selbstverwirklichung – damit ich dem Göttlichen Willen entspreche

	Entfremdung (Ursache)		Selbstverantwortung (Essenz)	Sexualorgane (Körperbezug)
1. Kompensation:	Selbstentfremdung	–	Selbstachtung	**Mallow**
2. Identifikation:	Wissen	–	Weisheit	**Cayenne**
3. Aufbesserung:	Verfremdung	–	Integrität	**Iris**
4. Umkehrung:	Fremdherrschaft	–	Willenskraft	**Lotus**
5. Projektion:	Manipulation	–	Selbstverwirklichung	**Manzanita**
6. Verdrängung:	Gott-Furcht	–	Selbstzentrierung	**Quaking Grass**

Um Selbstverantwortung übernehmen zu können, bedarf es unserer Willenskraft – sie ist unsere Tatkraft, ohne die nichts verwirklicht würde. Wir haben sie nur neu zu interpretieren, da sie bisher mißverstanden und mißbraucht wurde. „Macht euch die Erde untertan" – diese biblische Aufforderung endete in der Entfremdung von der Natur, im ökologischen Chaos; das Gleichgewicht der Natur ist gestört – ein Ausdruck unserer inneren Entfremdung.

Die Willenskraft hat etwas mit dem ICH zu tun, mit unserer ICH-Identität, und nur diese Kraft kann klare Entscheidungen treffen. Die Realität der Welt ist ein Puzzle von vielen Millionen Einzelentscheidungen. Jeder hat seine Verantwortung zu tragen für seine Art von Entscheidungen: Je selbstzentrierter wir sind, desto integrierender ist die Kraft unserer Entscheidungen.

Unsere Zivilisation ist auf gespeichertes Wissen aufgebaut – nur wenn es um die großen Fragen der Menschheit geht, wissen wir keine Antwort, weil die Weisheit der Seele fehlt. Doch auch in der hochentwikkelten technisierten Welt der Computer können wir auf den Kontakt mit der kosmischen Antwort über die Intuition nicht verzichten. Ganz deutlich wird das, wenn Computerspezialisten auf Fehlersuche in ihre Programme gehen, dann wird klar, daß übergeordnete Zusammenhänge oft nur intuitiv wahrnehmbar sind. Diese überlegene Kraft der Seele verschafft uns Selbstachtung und wir brauchen Entfremdung durch die Maschinen nicht zu befürchten.

Je größer unsere Integrität, desto weiser und präziser fällt unsere Antwort aus: Wir sagen JA, wenn wir ja meinen und NEIN, wenn wir nein meinen. Erfüllen wir nur die Wünsche anderer, können wir nicht nein sagen, sind nur gütig aus Schwäche oder Schuldgefühlen heraus, so ver-

Iris

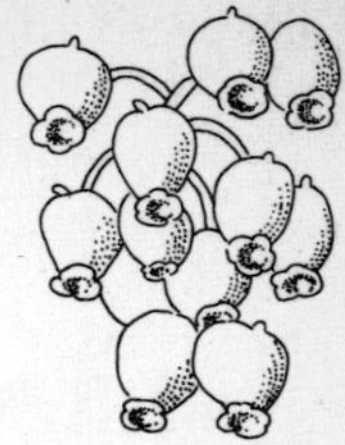

Manzanita

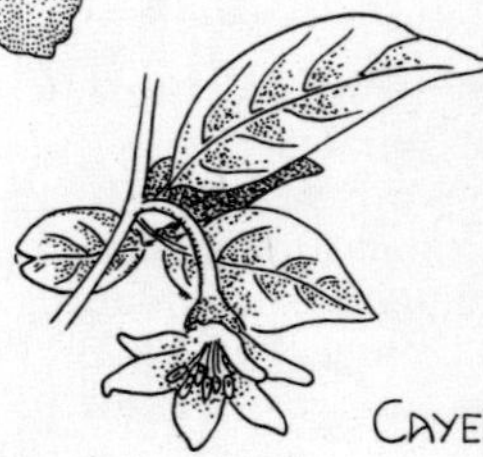

Cayenne

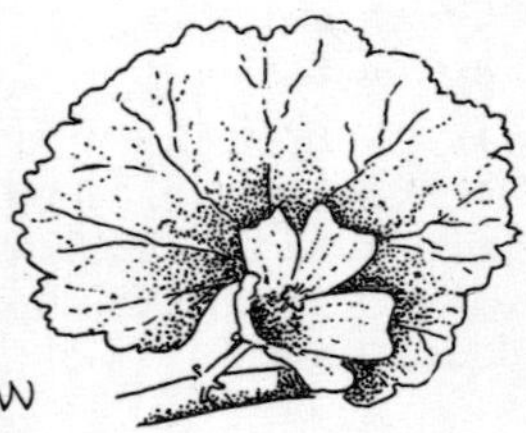

Mallow

Quaking Grass

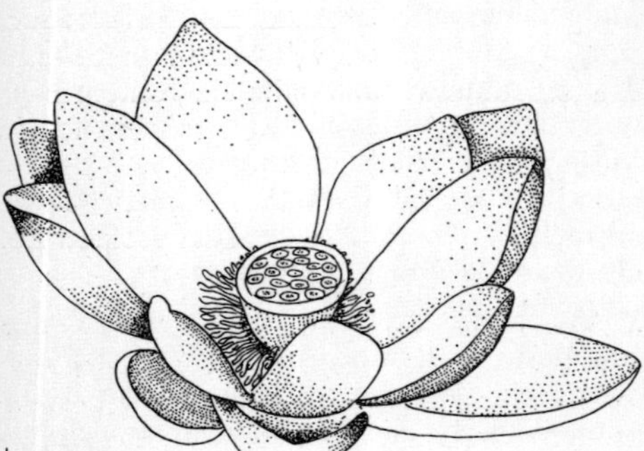

Lotus

letzen wir den Lebensraum unserer Seele, ohne uns dessen überhaupt bewußt zu sein. Wir sollten daher sehr wachsam sein, wenn von uns gefordert wird, unser ICH aufzugeben. Das ist der Beginn der Fremdherrschaft, der Fremdbestimmung. ICH-Entfremdung zieht uns Kraft ab, die wir zur Selbstverwirklichung brauchen. Fremdbestimmung ziehen wir an, weil wir nicht wissen, was wir eigentlich wollen. Das ist auch der Grund, warum wir so wenig bereit sind, Selbstverantwortung zu übernehmen.

Die Paradoxie dazu ist das „Alles-alleine-machen-wollen." Die anderen machen es uns nicht gut genug. Oder wir haben haben Angst, sie könnten unserem Willen widersprechen oder es besser wissen; sie könnten uns verfremden oder manipulieren.

Geistige Vorstellungsbilder können uns helfen, diese unbewußten Strukturen aufzugeben, indem wir ein klares Bild setzen von unserer Selbst-Verwirklichung. Die visuelle Vorstellung hat eine ungleich größere Kraft als nur der Gedanke. Diese gesetzten Bilder werden Realität – wenn wir daran glauben.

Wichtig ist: Das Bild setzen – und gleich wieder loslassen. Wir brauchen es nicht ständig zu wiederholen. Einmal im Kosmos gespeichert, wird alles in Bewegung gesetzt, damit es sich verwirklicht. Der Kosmos kennt ja keine Bewertungen. Nur – wir dürfen nicht ständig unsere Bilder und Gedanken ändern, sonst ernten wir eher Verwirrung. Vertrauen wir auf unser SELBST und beginnen wir großzügige Bilder zu setzen.

Wir vertrauen, daß eine bestimmte Arbeit zur rechten Zeit fertig ist; wir lassen los – und dann können wir ohne Streß unsere schöpferische Weisheit wahrnehmen. Das gilt auch für den Alltag: Eine Verabredung um 20 Uhr, auf die wir sehr gespannt sind, weil sie wichtig ist für unser Leben. Wir sind rechtzeitig losgefahren – und dann ein Verkehrsstau! Jetzt sind wir herausgefordert, in der göttlichen Gegenwart zu bleiben, zu entspannen und auf den gesetzten Impuls zu vertrauen: 20 Uhr. Auch wenn es bereits 20 Uhr ist, in der Gewissheit zu bleiben, daß der andere auch verhindert worden ist und wir trotzdem zur rechten Zeit am rechten Ort sind. Und so ist es dann auch tatsächlich.

In diesem Vertrauen auf „kosmische Mitarbeit" ist es ganz einfach, Selbstverantwortung zu übernehmen. Wir werden nie überfordert sein und „Streß" wird uns ein Fremdwort sein. Diese Vorstellungskräfte können wir auch anwenden, um unsere guten, aber verschütteten Charaktereigenschaften zu aktivieren. Sind wir unglücklich in unserer

Partnerschaft, so leben wir selbst das, was wir vom Partner erwarten: Rücksichtnahme, Liebe, Offenheit, Güte, Verständnis, Hilfsbereitschaft.

Über das „wie" der Verwirklichung brauchen wir uns keine Gedanken zu machen, denn wir dürfen das Bild nicht erzwingen, wir dürfen nicht zu leidenschaftlich drängen oder verlangen. Druck erzeugt Gegendruck und das ist der Grund, warum oft sich Bilder nicht verwirklichen. Oder wir haben das kosmische Gesetz verletzt, denn die Verwirklichungskraft hängt nicht vom Bild unserer Wünsche ab, sondern von der Intensität unseres Glaubens.

Sind wir jedoch im Glauben und leben das „Dein Wille geschehe", dann bedarf es keines gesetzten Bildes mehr, sondern wir werden zu unserer Selbstverwirklichung über die Wahrnehmung unserer Intuition richtig geführt. Das ist das Ziel.

Denn oft stimmen die geistig gesetzten Bilder nicht mit dem göttlichen Willen überein. Gott hat vielleicht etwas ganz anderes mit uns vor, aber wir beschränken uns immer wieder durch den Geist. Oft wagen wir es gar nicht, so „hohe" Bilder zu setzen, da wir uns unbewußt vor der nachfolgenden Verantwortung fürchten. Das Problem ist, daß wir nur Bilder der Vergangenheit oder Gegenwart setzen können, da wir die eigene spirituelle Entwicklung gedanklich nicht erfassen können. So geschieht es, daß wir uns gedanklich eher begrenzen.

Es ist wie mit dem Märchen, wo die Menschen unzufrieden waren mit dem Wetter, das Gott gemacht hat. Sie haben daher Gott gebeten, es selbst machen zu dürfen und haben es selbst in die Hand genommen. Im nächsten Frühjahr gab es dann keine Blumen, keine Obstblüten! Warum? Der Mensch hatte den Wind vergessen, der einige Samen zur Befruchtung weiterträgt.

Folgt jedoch unser Wille den Weisungen der Intuition des göttlichen Willens, dann können wir das intuitiv Erfaßte auch in die Tat umsetzen. So gesehen ist die Willenskraft die Energie, die uns zu unserer Integrität zurückführen kann. Das Wort Willenskraft bedeutet Bestimmung und damit ist unsere göttliche Bestimmung gemeint: die der Selbstverwirklichung.

Doch ohne eigene Gesundheit keine Selbstverwirklichung. Hier – auf dieser physischen Ebene – können wir gut die Vorstellungsbilder von unserer Gesundheit auf alle Teile unseres Körpers ausdehnen und lernen, dem Körper für stete Dienstbereitschaft zu danken. Der Körper ist sozusagen unser Handwerkszeug zur Selbstverwirklichung, das Fahrzeug unserer Seele. Wir können auch die Kraft unserer Seele einsetzen, um für unsere eigene und anderer Gesundheit zu beten.

Zu unserer seelisch-geistigen Gesundheit gehört auch die Sexualität. Der Körper-Auslöser liegt nämlich in den Sexualorganen. Die Entfremdung durch die Sexualität wird verständlich, wenn wir erfahren, daß wir unsere unbewußten Kosmogramme am ehesten während des Geschlechtsverkehrs austauschen: Identifikationen, Werte-Umkehrungen durch *Wippe* und Projektionen erleben wir in einem kaum vorstellbaren Ausmaß. Die weit verbreitete Furcht vor dem Menschen stellt sich hier dar als Furcht vor Projektionen durch die Sexualität. Natürlich ist dies völlig unbewußt, denn sonst würden wir mit der Wahl der Geschlechtspartner sorgfältiger umgehen. Diese Projektionen verfremden uns und zerstören unsere Integrität. Wir brauchen keine Angst zu bekommen vor dieser Wahrheit, denn Liebe überwindet jede Angst und mit ihr entsprechen wir immer dem göttlichen Willen.

Dieser „Schlagabtausch" wirkt sich direkt auf das Hormonsystem aus. Ob wir selbstzentriert und ausgeglichen sind, hängt wechselwirkend von unserem Hormonsystem ab. Es verleiht uns die Integrität durch unser Geschlecht. Selbstachtung gewinnen wir erst wirklich dann, wenn wir unsere Weiblichkeit bzw. Männlichkeit bewußt leben können. Gott danke, daß ich eine Frau bin! Gott danke, daß ich ein Mann bin! Es klingt so einfach und scheint doch so schwierig zu sein.

Proteste gegen das Leben, gegen die Sexualität, gegen die Weiblichkeit bzw. Männlichkeit scheinen in Zusammenhang zu stehen mit dieser Furcht vor Projektionen. Werden wir mit der Last einer Projektion nicht fertig, schieben wir sie unbewußt weiter – Endstation Gott. Wir dürfen um Vergebung bitten und zurückfinden zu unserer Selbstverantwortung. Die Weisheit der Seele beendet die Fremdherrschaft und verschafft uns wieder Selbstachtung vor dem eigenen Geschlecht.

Es gibt keine soziale Unterdrückung der Frau anzuklagen, es gibt nur zu erkennen, daß sie selbstverantwortlich ist, die Weisheit des Weiblichen in der Beziehung zum Mann zu leben – auch in der Sexualität. In das Bild der Selbstverwirklichung ist die Sexualität mit einzubeziehen.

Überwinden wir also unsere Scheu, die Liebe und Gnade Gottes auf allen Ebenen, in allen Lebensbereichen in Anspruch zu nehmen: „Trachtet zuerst nach dem Reich Gottes, alles andere wird euch dann zufallen." Zufallen wird uns die Weisheit, diese große Seelenkraft, die um die „höheren" Dinge weiß und den göttlichen Willen über die Intuition empfängt. Das Zentrum der Intuition ist das Hara, der Bauch. Die Liebe zur eigenen Seele, die Liebe zum Göttlichen läßt uns weise sein: Wir sprechen ja auch von der „Weisheit des Herzens".

TYPOGRAMM der 3. Gruppe:

Herzenswärme – damit ich den Lebenssinn erfülle

	Illusionen (Ursache)		**Selbstidentität** (Essenz)	**Haut, Haare, Nägel** (Körperbezug)
1. Kompensation:	Selbstzerstörung	–	Selbstheilung	**Bleeding Heart**
2. Identifikation:	Schmerz	–	Selbstüberwindung	**Self Heal**
3. Aufbesserung:	Selbstsucht	–	Herzenswärme	**Rabbitbrush**
4. Umkehrung:	Pflichterfüllung	–	Heiterkeit	**Morning Glory**
5. Projektion:	Leistungszwang	–	Selbstgestaltung	**Shasta Daisy**
6. Verdrängung:	Gott-Verweigerung	–	Offenheit	**Indian Pink**

Selbstsucht – was ist das? Damit können wir uns nicht identifizieren. Aber wenn wir ehrlich sind, haben wir öfters mit der einen oder anderen Sucht Probleme. Da sind die Süßigkeiten, an denen wir nicht vorbeikommen; da ist das allabendliche Bier; da sind die regelmäßigen Tabletten, ob für die Verdauung oder zum besseren Schlafenkönnen; und – da ist die Last des Rauchens! Wie oft wollten wir schon aufhören, wie oft schon uns endlich überwinden. Doch Überwindung kostet Schmerz. Mit der Illusion, die Sucht könnte uns über unseren tiefen – meist unbewußten – Schmerz hinweghelfen, erhalten wir gerade diesen Schmerz aufrecht.

Wir möchten keine Schmerzen haben und doch tun wir alles , um sie aufrechtzuerhalten. Wir können einfach den Schmerz nicht loslassen. Ein Paradoxon, das uns viel Energie kostet. Nicht nur, daß Zigaretten und Alkohol teuer wären, nein, es kostet vor allem unsere Lebensenergie. Wir erhalten unsere Lebensenergie zurück, wenn wir unsere Illusionen überwinden und an das Gute in uns glauben – und in den anderen.

Warum haben unsere guten Vorsätze, die Süchte einzustellen, nie lange vorgehalten? Weil wir von anderen keine Hilfe annehmen können. Doch wir brauchen Hilfe! Was könnte uns helfen, unseren Schmerz loszulassen? Die Heiterkeit und die Herzenswärme des anderen. In dieser Wärme würde der Schmerz wegschmelzen, und damit auch die Illu-

MORNING GLORY

SHASTA DAISY

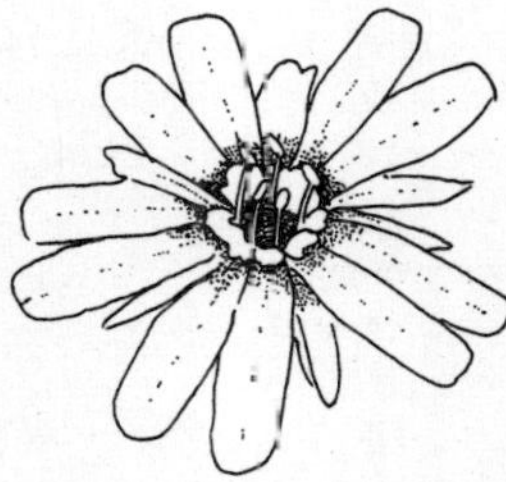

INDIAN PINK

SELF-HEAL

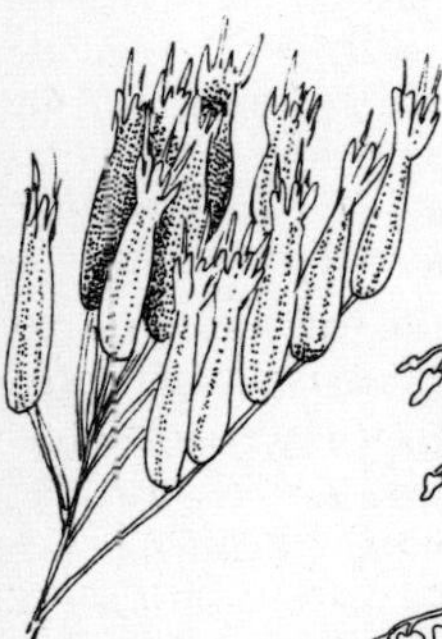

RABBITBRUSH

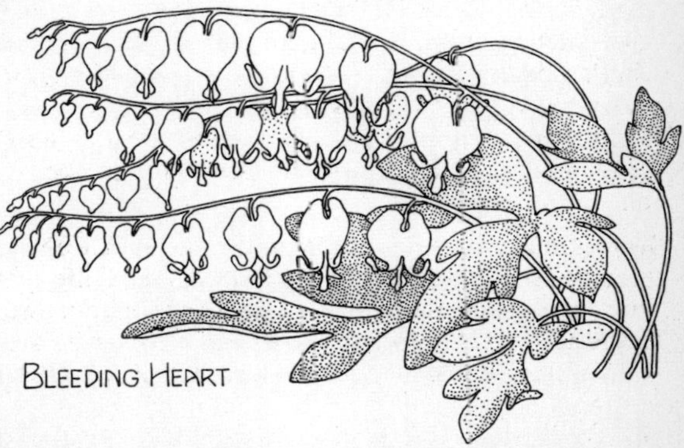

BLEEDING HEART

sion, mit allem alleine fertigzuwerden. Wie leicht und glücklich fühlt sich das an, den anderen liebevoll anzunehmen und in seiner Selbst-Identität wahrzunehmen. Doch diese Liebe verweigern wir oft genug.

Wir sehnen uns sehr nach Liebe, aber wenn es doch einer wagt, uns zu lieben , dann wollen wir das nicht wahrhaben, können damit nicht umgehen und stoßen deshalb den anderen eher vor den Kopf, als daß wir seine Liebe erwiderten. Mit der Zeit wagt es dann keiner mehr, uns zu lieben. Die Umwelt zeigt sich immer abweisender – und wir sind darüber empört: Wie kann es nur soviel Selbstsucht und so wenig Herzenswärme geben!

Das DU zeigt unser wahres Verhältnis zu Gott und in diesem Verhalten wird uns deutlich, daß wir uns Gott verweigern. Gott offenbart sich durch den Menschen. Jedes Nicht-annehmen-können ist letztlich eine Verweigerung des Göttlichen.

Nicht, daß wir nicht an Gott glauben würden, das tun wir. Wir sehen auch, was dieser Glaube bewirkt – bei den anderen. Wie ist das möglich? Wir öffnen uns doch Gott! Ja – aber nicht dem Mitmenschen. Deshalb bleiben wir in der Illusion stecken; deshalb der Schmerz, deshalb die Sucht. Sich Gott öffnen und andere dabei ausschließen – das ist unsere Art von Selbstsucht.

Der Neubeginn heißt: Ich öffne mich den Mitmenschen. Bevor wir aber das Neue ins Auge fassen, schauen wir auf das Alte, was es denn sei, das wir unbedingt festhalten wollten – bewußt oder noch viel häufiger unbewußt. Es gibt viele Versionen, Leben zu interpretieren. Eine davon ist: „Was soll ich mich um den Mitmenschen kümmern oder gar um die Weltgeschehnisse; der liebe Gott sieht doch, was jeder braucht, also soll er auch für jeden Menschen sorgen." Das ist auch eine Art von Illusion. Denn es heißt: „Klopfet an und es wird euch aufgetan".

Wenn wir unser Bewußtsein öffnen, dann können wir auch die göttliche Gegenwart wahrnehmen. Leben wir nicht in dieser Wahrnehmung, halten wir alle schmerzlichen Emotionen fest: alle Verletztheit, alle Enttäuschungen, jede Art von Liebesentzug, jeden menschlichen Verlust, alle Ungerechtigkeiten.

Diese Emotionen werden in Form von Bildern ins Unbewußte verdrängt. Bei entsprechenden Auslösern läuft dann eben der Film ab, der mit diesen Emotionen in Zusammenhang steht. Mit dem Verdrängen entwickelte sich ein Programm, das bei jedem Auslöser wieder wirksam wird. Erst die Freiheit von unbewußten Programmen ermöglicht ein neues Erleben in immer wiederkehrenden Situationen. Leben wir nicht unsere Selbstidentität, können auch immer wieder ähnliche Programme aktiviert werden. So kommt es häufig zu Fehlverhalten.

Welches Fehlverhalten ist gemeint, wenn es darum geht, von Illusionen loszulassen? Pflichterfüllung. Wir halten fest an der Vorstellung, daß wir Pflichten gegenüber ganz bestimmten Menschen zu erfüllen haben. Diese Pflichten nehmen uns jegliche innere Heiterkeit und lösen so viele Emotionen aus, daß aus ihnen schon längst unbewußte Programme entstanden sind, denen wir eben triebhaft folgen und die unser Leben bestimmen. Es kommt einer Selbstzerstörung gleich, denn gerade die zwanghaften Pflichterfüllungen hindern uns, unseren eigenen Lebenssinn zu erkennen.

Diese Art von Illusion geht uns sehr an die Substanz und wehe, jemand sagt etwas dagegen, dann empfinden wir das gleich als persönlichen Angriff, auch wenn es uns nur helfen sollte, unsere Selbstidentität besser zu finden. Solange wir nicht bereit sind, unsere Weigerung aufzugeben, unsere Selbstidentität zu leben, solange leben wir unsere selbstzerstörerischen Programme und können keine Selbstheilung annehmen. Der Schlüssel zum Glück, zur Heiterkeit, zur Warmherzigkeit, zur Selbstheilung liegt in unserer Selbstidentität.

Selbstzerstörung entsteht also aus der Verweigerung, das Göttliche im Menschen, das Göttliche in unserem Sein anzuerkennen. Wir erfüllen unseren Lebenssinn durch die Wahrnehmung des Göttlichen in allem. Dann ist es nicht so wesentlich, was passiert, sondern mit welcher inneren Herzenswärme wir darauf reagieren. Heil sein heißt ja, Körper, Geist und Seele in Harmonie, in Einheit zu bringen, zu einer einheitlichen Identität.

Was hält uns davon ab? Unsere genaue Vorstellung, wie alles zu sein hat. Jedenfalls in geordneten Verhältnissen: pflichtbewußt, leistungsbezogen, linientreu nach vorgegebenen Vorschriften, Verordnungen und Richtlinien. Der Mensch ist für die Gesetze da. Eine neue Illusion. Da wir alles besser wissen, gestalten wir unsere Umwelt nach unseren Vorstellungen. Andere Menschen müssen sich unseren Vorstellungen beugen und deshalb sind wir ständig mit Korrigieren beschäftigt. Das macht uns nicht gerade beliebt. Unser Tun ist zwanghaft und das Bild, das wir gestalten wollen,entspricht nicht unserem *Selbst*.

Wir brauchen nur eine falsche Entscheidung getroffen zu haben, weil Vater es so wollte – und schon geraten wir in diesen Zwiespalt, viel Energie, viel Leistung aufzubringen für etwas, das unserer Identität nicht entspricht. Um des lieben Friedens willen. Führen wir z.B. den

Beruf des Vaters aus, damit er einen Firmennachfolger hat, so können wir jetzt verstehen, woher der Leistungsdruck kommt. Wir gestalten das Leben des Vaters, aber nicht das eigene. Sind wir im Leistungszwang, sollten wir uns immer fragen: Welche Illusion lebe ich auf Kosten meines *Selbstes*? Erst wenn ich sie erkannt habe, kann ich von ihr loslassen und Heiterkeit, viel Lebensfreude kann sich ausbreiten.

An welchen Illusionen halten wir noch fest? An unserem Konflikt zwischen innerer Gedankenwelt und äußerer Erscheinungswelt. Wie oft hängt das Selbstwertgefühl davon ab, ob andere unserem äußeren Erscheinungsbild, unserem Heim, unseren Wünschen und Zielen Anerkennung geben. Wir halten am Wunsch fest, einen angesehenen Beruf zu haben, gesellschaftlich integriert zu sein. Die Motivation unseres Leistungstriebes ist Ehrgeiz, um persönliche Ziele zu erreichen. Wir halten also fest am „kopflastigen" Menschen, am übertriebenen Verantwortungsgefühl für andere, aber auch an Versagensängsten und an der Angst vor Konkurrenz. Nach der Maxime: besser sein wollen als die anderen. Wir wollen immer andere übertreffen, aber nie uns selbst!

Die konzentrierte Anspannung im Kopf und die damit verbundenen unnötigen Anstrengungen sind die Ursache für viele Krankheiten im Unterleib. Wenn wir dem inneren Drang nicht folgen, Vergangenes loszulassen, aufzugeben, damit Neues Raum hat, „verstopfen" wir unseren Körper mit unseren vergangenen Fehlern, Enttäuschungen und Leiden. Das Verstopftsein ist ganz wörtlich zu nehmen. Schafft der Körper es nicht mehr, den Ballast, die Giftstoffe, das Unverdauliche über die Lymphe abzutransportieren, dann wird über die Haut ausgeschieden.

Nicht nur die Seele, auch der Körper will sich befreien vom Ballaststoffen, doch wir halten geistig noch fest am Vergangenen. Das Vergangene gilt es also loszulassen, dann hört der Schmerz auf und die Energie kann frei fließen. Solange wir dazu nicht in der Lage sind, solange leben wir unsere Selbstzerstörung in Form von Selbstverleugnung und verhindern somit unsere Selbstheilung.

Hautkrankheiten sind im besonderen Maße Krankheiten der Seele und sind auf einen Identitätskonflikt in uns zurückzuführen, daß wir uns fragen: „Wer bin ich?" Denn tief in unserem Inneren spüren wir, daß wir etwas anderes sind, als was wir nach außen darstellen. Wir fordern zuviel von uns selbst und überfordern uns dabei. Oft übertragen wir den Leistungszwang im Beruf auf den geistigen Weg und fangen dann an, voller Ungeduld eine Entwicklung zu erzwingen. Es ist aber gefahrvoll, eine zu hohe Bewußtseinsstufe von uns zu fordern und zu glauben, diese leben zu müssen. Je weniger Fundament an seelisch-geistiger Entwicklung vorhanden ist, desto weniger leben wir nämlich unsere eigene Identität.

Körperlich infizieren wir uns mit Bakterien, Viren oder Pilzen und im seelisch-geistigen Bereich tun wir es durch energetische Abhängigkeiten mit fremde *Haben*-Strukturen. Physisch sprechen wir von Immunschwäche; im seelisch-geistigen Bereich sprechen wir von Identitätsverlust. Selbstheilung ist möglich, wenn wir den Mut und die Offenheit aufbringen, einfach wir selbst zu sein, offen zu sein für die göttliche Wahrheit in uns.

TYPOGRAMM der 4. Gruppe:

Selbstliebe – damit ich reifen kann

	Proteste (Ursache)		**Selbstverständnis** (Essenz)	**Atmungsorgane** (Körperbezug)
1. Kompensation:	Selbstverleugnung	–	Selbstliebe	**Tansy**
2. Identifikation:	Armut	–	Geben	**Dill**
3. Aufbesserung:	Kritiksucht	–	Annehmen	**Black-Eyed-Susan**
4. Umkehrung:	Disziplinlosigkeit	–	Reife	**Calif. Pitcher Plant**
5. Projektion:	Auflehnung	–	Anpassung	**Yerba Santa**
6. Verdrängung:	Gott-Irrtum	–	Gesetz	**Quince**

Sinn der fortschreitenden Lebensjahre ist es, daß der Mensch reif und weise wird. Ohne einen starken Lebenswillen ist dies nicht möglich – auf dem Wege würde man sonst krank oder aufgerieben werden von verschiedenen Schicksalsschlägen, denen man nicht gewachsen ist. Lebenswillen haben, heißt, das Leben um seiner selbst willen zu lieben und sich selbst. Lebenswille ist eine dynamische Kraft, die sich mit dem Leben auseinandersetzt.

Wir glauben, daß jeder Mensch ganz selbstverständlich über einen Lebenswillen verfügt. Dem ist nicht so: die Realität weist auf selbstverleugnerische Kosmogramme hin. Wir protestieren unbewußt gegen das Leben und oft haben wir diese Programme schon von Geburt an. Sehr häufig finden wir diesen Lebensprotest bei Geistig-Strebenden, der sich in ihrem Konflikt mit dem physischen Körper ausdrückt. Er wird

Tansy

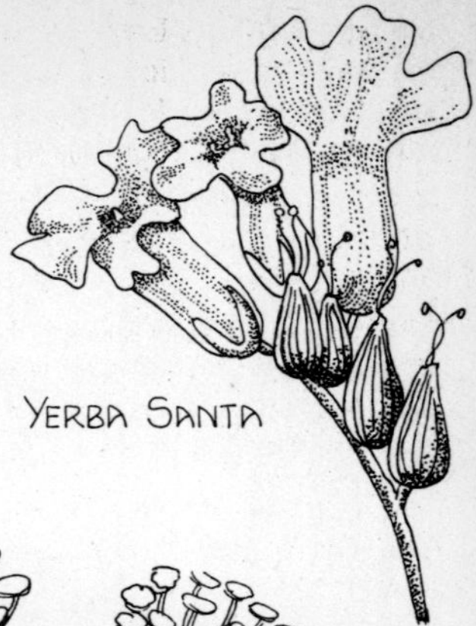

Yerba Santa

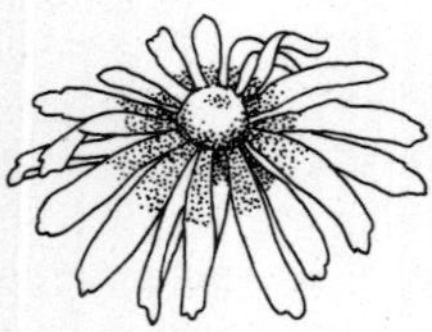

Black-eyed Susan

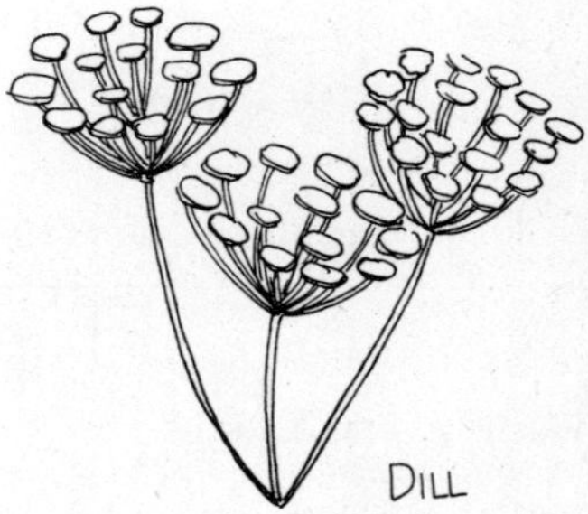

Dill

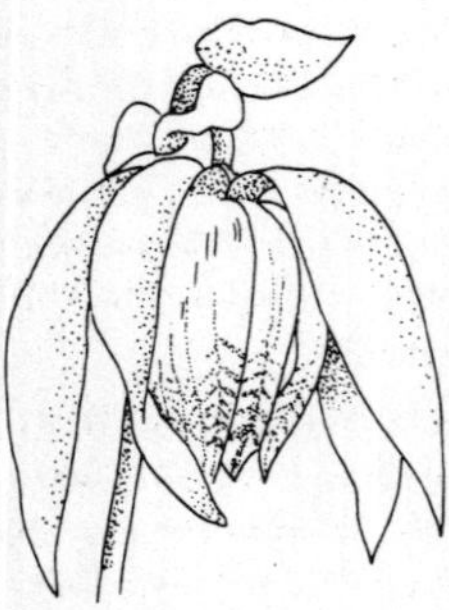

California Pitcher Plant

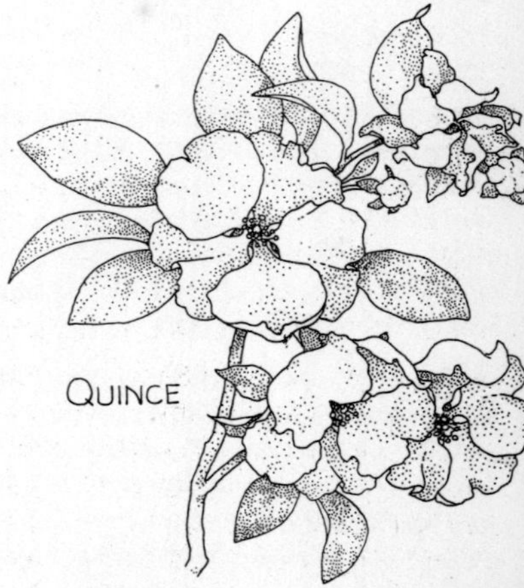

Quince

als eine schwere Last empfunden, denn wir kommen ja ursprünglich aus der feinstofflichen Welt und sehnen uns nach ihr zurück. Dieser selbstverleugnende Charakterzug ist oftmals sehr verborgen. Der Ursprung aller Proteste heißt *Leben*. Damit verleugnen wir unsere Seele und sind deshalb zur Selbstliebe nicht fähig. Ohne physischen Körper ist Leben nicht möglich und doch gilt gerade dem materiellen Körper unser Protest.

Ohne Selbstliebe jedoch können wir vom Leben nichts annehmen. Können wir das Leben nicht annehmen, können wir Gott nicht annehmen. Der entscheidende Augenblick war unsere Geburt, bei der es darum ging, daß die Seele unseren physischen Körper annimmt.

Die Art wie die Seele sich entschieden hat, halbherzig, unwillig oder freudig, bestimmt die Verbindung zu Gott und zum „kosmischen Gesetz". Je enger die Verbindung, desto harmonischer das Leben. Hat sich unsere Seele sehr aufgelehnt, unseren Körper zu akzeptieren, wird unser Leben getragen von Melancholie und Sehnsucht. Wir glauben dann unbewußt, daß sich Gott mit unserer Inkarnation auf Erden geirrt haben muß und fühlen uns immer als Fremder. Daher kommt die mangelnde Anpassungsfähigkeit. Der Adaptionsprozess ist schwierig und manchmal ganz unmöglich.

Die Folge: Materie bleibt uns fremd. Wir können uns mit dem, was wir haben, nicht identifizieren. Wir wollen auch nichts besitzen. Dadurch entsteht eine Wippe: Wir können sehr großzügig sein beim – materiellen – Geben, aber es fällt uns schwer, unsere Seele hinzugeben. Nichtgeben-können ist Armut der Seele und läßt sie uns verleugnen.

Immer wieder dieser Zwiespalt im Leben in bezug auf Geld – Sinnbild aller Materie. Was wir verdienen legen wir am liebsten an und leisten uns persönlich sehr wenig und rühmen uns noch wegen unserer Bedürfnislosigkeit! Wir hätten gerne das „große Geld", doch es mangelt uns am materiellen Selbstverständnis. Der Energiestrom des Gebens und Nehmens ist uns nicht selbstverständlich. Mangel erzeugt Disharmonie, Mangel erzeugt Armut, Mangel erzeugt Kritiksucht und Auflehnung. So wird Mangel an Selbstliebe verständlich.

Solange der Geist der Seele das Leben verwehrt, solange fällt uns das Einordnen ziemlich schwer. Anpassung empfinden wir als Schwäche. Als Angepaßter kämen wir uns als Versager vor. Wir wehrten uns schon als Kind gegen die Gehorsamkeit. Wir wollten kein „braves Kind" sein, angepaßt und langweilig. Und den Lehrern haben wir es auch nicht gerade leicht gemacht; im Beruf haben wir erst dann Ruhe gegeben, wenn wir die Führung übernommen haben. Reife jedoch entsteht erst durch die Anpassunsgfähigkeit, wenn wir gelernt haben, die Liebe der anderen anzunehmen. Dieses Nicht-annehmen-können ist die Ursache für die weltverbessernde Kritiksucht, Ausdruck unserer Selbstverleugnung.

In dem Wort Protest steckt das Wörtchen pro, das bedeutet *für*, also für etwas sein und nicht gegen etwas sein. Darin kann sich nur ausdrücken, daß wir gegen das Gute protestieren. Wir möchten so gerne „dafür" sein – für unseren Körper, für unser Leben, für das Göttliche, doch unsere Selbstverleugnung verhindert das.

Viele Menschen reagieren allergisch, wenn sie etwas Gutes annehmen sollen; sie finden unterbewußt immer wieder Gründe, um es abzuwehren. Diese Auflehnung gegen das Gute ist natürlich schmerzlich und wirkt sich als Körper-Auslöser in den Atmungsorganen aus. Typisch sind die Asthmatiker, die regelrechte Erstickungsanfälle erleiden, wenn sie etwas Gutes annehmen sollten. Ihre Bronchien machen dicht, da sie mit positiven Gefühlen nicht umgehen können. Andere Lungenkranke haben eher das Problem, daß sie Liebe fordern, diese aber nicht annehmen können, wenn sie ihnen zuteil wird. Oder andere fordern von ihnen Liebe, die sie nicht geben können. In jedem Falle ist der Energiefluß „Liebe" blockiert.

Unser Selbstverständnis in bezug auf Liebe und Selbstliebe wirft uns immer wieder zurück in die Disziplinlosigkeit, in ein Gefühl von „ist doch sowieso egal." Damit wir den Schmerz nicht so spüren müssen, üben wir Kritik an allem und jedem. So hat der innere „Schmerz" seine Berechtigung und wir dürfen weiter leiden an dem Irrtum, daß das Gute „schlecht" ist. Mit der Selbstliebe erfahren wir im allgemeinen auch eine Umkehrung der Werte. Dies geschieht auch aus Angst, unsere Selbstliebe könnte mißverstanden und als Egoismus ausgelegt werden. Auch das EGO will von uns geliebt werden, genauso wie die Seele, der Geist, der Körper oder das ICH – alles gehört zu unserem *Selbst*. Über das Verständnis unseres *Selbstes* wissen wir noch sehr wenig. Wir sind aufgefordert, unser *Selbst* anzunehmen mit allen seinen Aspekten, auch unserem Unterbewußtsein. Unser Unterbewußtsein ein großer Diener und stellt die Verbindung zu unserem Höheren Selbst her.

Die Befreiung von unserem Glaubensgrundsatz, unser Leben sei ein Irrtum Gottes, schafft die Voraussetzung, um das „Liebet – so werdet ihr das Gesetz Christi erfüllen" zu leben. Den Irrtum empfinden wir als ein „Kreuz, an dem wir schwer zu tragen haben". Er ist Ursache für das Trennungsgefühl oder auch für das Getrenntsein von Geist und Seele. Doch wir dürfen den geistigen Protest gegen unsere Inkarnationen aufgeben und den Mut haben, unser selbstgebasteltes Kreuz auf das Erlösungskreuz Christi zu legen.

Der Konflikt Geist-Seele führt zur Verleugnung entweder des Geistes oder der Seele. Selbstliebe ist die Kraft, die beide vereinigt. Dazu gehört auch der Mut zur Disziplin. Auf dem Weg zur inneren Reife heißt es selbstdiszipliniert und liebevoll mit uns umzugehen und nicht, einen asketischen, strengen Weg zu gehen, der alles „Leben" hinter sich läßt.

Protestieren wir gegen unsere eigene Geburt, ist die Energie im Wurzel-Chakra immer dürftig und disharmonisch. Die Energie der Chakren- und Planetenkräfte weisen uns den Weg zur Reife. Solange wir im Wurzel-Chakra keine selbstliebenden Energien aufbringen können, solange führen auch alle geistigen Praktiken für die höheren Chakren nicht zur wahren Reife. Empfinden wir es dagegen als Gnade, geboren zu sein, sind wir im Einklang mit dem kosmischen Gesetz. Der kosmische Strom kann beginnen zu fließen.

Und wir können eine neue Entdeckung machen, nämlich das Wahrnehmen unserer Seele. Seele ist Gott-Mutter, der weibliche Aspekt Gottes, während Geist Gott-Vater ist, der männliche Aspekt Gottes. Der physische Körper ist die Vereinigung beider Aspekte.

Wir sind geboren, um Geist und Seele zu vereinigen. Wenn wir dann die Gnade und die Liebe Gottes durch unseren physischen Körper verwirklicht haben, dann sind wir frei, auch unseren Beitrag zu dieser Schöpfung zu leisten. Denn das Leben resultiert nicht nur aus unserer eigenen Verwirklichung, sondern unser Leben sollte auch für die gesamte Schöpfung etwas bewirken.

TYPOGRAMM der 5. Gruppe:

Sich Gott Überantworten – damit ich göttliches Bewußtsein erlange.

	Unterdrückung (Ursache)	–	Macht der Fähigkeiten (Essenz)	Knochen/Gelenke (Körperbezug)
1. Kompensation:	Selbstrechtfertigung	–	Selbstbestimmung	**Mugwort**
2. Identifikation:	Schwäche	–	Selbstdarstellung	**Star Tulips**
3. Aufbesserung:	Kämpfen	–	Dienen	**Fuchsia**
4. Umkehrung:	Vergangenheit	–	Klarheit	**Buttercup**
5. Projektion:	Der Glaube an d. Böse	–	Ehrlichkeit	**Basil**
6. Verdrängung:	Gotteslästerung	–	Überantwortung	**Saguaro**

Um das höchste Ziel des Menschen, Göttliches Bewußtsein zu erreichen, gibt es einen wichtigen Schlüssel: Sich Gott zu überantworten. Wir Menschen möchten frei sein und vergessen dabei, daß es nur eine Freiheit, die Freiheit des Glaubens gibt. Ohne Glauben können wir uns einer „höheren Macht“ nicht überantworten. Jesus sagte: „Alles, was ihr erbittet in eurem Gebet, glaubet nur, daß ihr es bereits empfangen habt, so werdet ihr es erhalten.“ In dem „Alles“ drückt sich die grenzenlose Liebe Gottes aus, die Aufhebung des Zeit-Raum-Kontinuums durch den Glauben. Wir überantworten uns diesem „All“, diesem „Alles“.

Glauben hat etwas mit Dienen zu tun, doch ohne Selbstbestimmung geraten wir leicht unter falsche Machteinflüsse. Wir wollen dienen, indem wir uns für die Unterdrückten einsetzen, weil wir das Gefühl der Unterdrückung selbst gut kennen. Helfen wir ohne Selbstbestimmung, tun wir es, um uns selbst zu rechtfertigen. Unsere wahre Selbstbestimmung ist: den „Göttlichen Willen“ zu verwirklichen, das bedeutet, Ausschau zu halten nach unseren Fähigkeiten, nach dem, was uns mitgegeben ist von Gott. Diese Fähigkeiten sind unsere mächtigsten Kräfte, um Seelenfrieden zu finden und damit Frieden in der Welt zu schaffen. Jetzt erst erkennen wir, daß wir Unterdrückung durch andere Menschen nur deshalb erlebt haben, weil wir unsere eigenen göttlichen Fähigkeiten unterdrückt hielten.

Was hat uns aber veranlaßt, unsere Fähigkeiten so zu unterdrücken? Was wir außen, in der Welt, nicht ertragen können – das Schlechte, das Böse –, das unterdrücken wir und verweisen es ins Unbewußte, wo es jetzt zwanghaft wirksam wird. Jetzt werden Mechanismen in Gang gesetzt, die wir gerade verhindern wollen: Durch die Unterdrückung des

BUTTERCUP

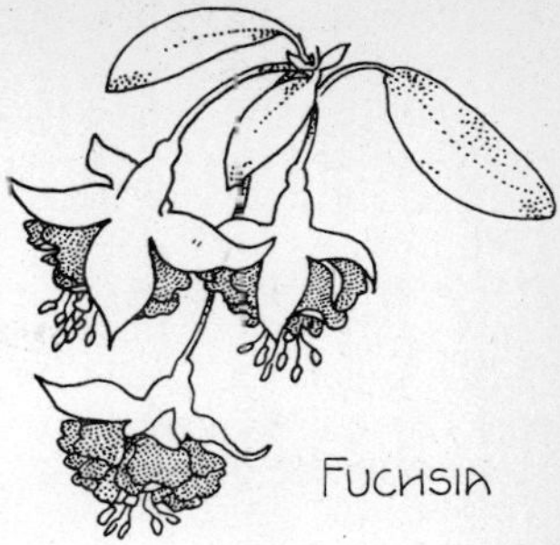

FUCHSIA

SAGUARO

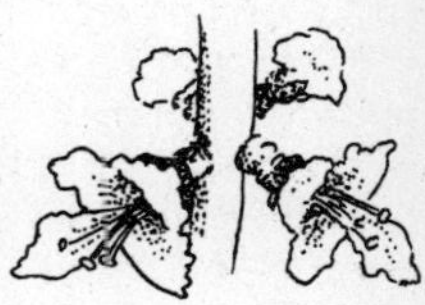

BASIL

MUGWORT

STAR TULIP

Bösen in uns, erleben wir Unterdrückung durch andere; kämpfen wir dann gegen Unterdrückung, so erhalten wir das Böse aufrecht. Ein Kreislauf der Selbstrechtfertigung entsteht.

Als erstes haben wir Licht – L-ICH-T – in die Finsternis zu bringen, in unser Bewußtsein über das Böse. Ist das Böse wirklich existent oder ziehen wir es nur an, weil wir daran glauben? Wie wir wissen, ist Dunkelheit die Abwesenheit von Licht. Dunkelheit läßt sich physikalisch nicht herstellen! Die Vorstellung vom Bösen und von dunklen Mächten ist das Ergebnis unseres polaren Denkens. Wir sind immer noch festgehalten in unserem Bewußtsein vom Kampf Gottes mit Luzifer, vom Abfall von Gottes und den „gefallenen Engeln"? Ja – unsere innere und damit äußere Realität ist sehr augenscheinlich fixiert auf das Böse, ich brauche es nicht im einzelnen aufzuführen! Es wäre unrealistisch, das zu leugnen.

Es heißt, Polaritäten seien zu vereinigen. Aber Polarität von Gut und Böse vereinigen? Wie sollen wir das gutheißen? Polarität sind die zwei Enden einer gleichen Ebene. Damit haben wir den Blickwinkel – das Bewußtsein – überhaupt noch nicht verändert. Es muß eine andere, eine höhere Ebene geben. Diese Ebene heißt *Wirklichkeit* oder *Gottbewußtsein*. Das wirklich Wahre ist das Göttliche. Erwache ich zu Gottbewußtsein, wird es hell in mir, dann nehme ich auch das GUTE wahr, denn gut ist ein Synonym für Gott. Unser Bewußtsein war wie ein Raum voller Finsternis, vom Licht ausgeschlossen. Jetzt öffnen wir „unsere Fenster" durch Erweiterung unseres Bewußtseins – und der Raum wird hell.

Ein Gleichnis dazu: „Ein betrunkener Mann „umarmt" in seiner Hilflosigkeit am hellichten Tag eine Litfaßsäule. Dort ist eine Reklame mit einem großen schwarzen Mann in dreifacher Ausführung, also rund um die Säule geklebt. Er sieht dieses „Schwarz" und ruft: „Immer diese Finsternis. Ich muß weiterlaufen." Er tastet sich mühsam vorwärts und was sieht er? Den schwarzen Mann. „Hab ich doch gewußt!" Immer wieder dreht er sich im Kreis, sieht immer nur den schwarzen Mann und die Finsternis. In seinem „Wahn" klammert er sich an seine „Finsternis" und kommt gar nicht auf den Gedanken, einmal stehenzubleiben, sich um 180 Grad zu wenden und ins Licht zu schauen. Ja, es war Licht um ihn herum, aber er sah es nicht."

So unsere übliche Art der Selbstdarstellung: an das Böse glaubend, in der Vergangenheit lebend und die eigene Schwäche als „menschlich" titulierend. Es gibt aber einen Ausweg: Mit dem Sich-Überantworten hört das Kämpfen gegen das Böse auf und unsere Selbstdarstellung entspricht unseren Fähigkeiten und damit unserer Selbstbestimmung.

Der Körper-Auslöser für die Unterdrückung des Bösen sind die Knochen und Gelenke. Wir sagen über das, was uns tief trifft: „Das steckt uns in den Knochen". Denken wir an die Millionen von Rheumakranken und an die vielen, deren Gelenke arbeits- oder altersbedingt abgenutzt sind – sie leben nicht aus der Kraft der Überantwortung, aus der Kraft des Höchsten, sondern von der eigenen Knochensubstanz. Es zeigt die Notwendigkeit an, ein neues Selbstbild des Menschen zu schaffen, der seine Last nicht nur seinen Gelenken aufbürdet, sondern sich auch Gott überantwortet.

Unterdrücken wir die mächtigen Fähigkeiten unserer Seele, zum Beispiel zu göttlichen Bewußtsein zu gelangen, entsteht daraus eine Art von Machtmißbrauch. Bereits im eigenen Heim gibt es Machtkämpfe zwischen den Partnern oder mit den Kindern. Oft ist Sexualität ein „Spiel" zwischen Macht und Unterdrückung: ein Lebensbereich, in dem die Umkehrung der Werte (Wippe) sehr deutlich zum Ausdruck kommen.

In anderen Lebensbereichen ist es eher das Beherrschenwollen. Mit unserem Verstand würden wir das nicht zugeben, doch wir rechtfertigen unser Beherrschenwollen damit, daß wir uns durchsetzen müssen, daß wir uns angegriffen oder herausgefordert fühlen. Wir wollen unsere Meinung durchsetzen. Unter dem Mantel der Autorität und Erziehung werden viele Machtansprüche verborgen gehalten. Dieses Beherrschenwollen zu erfassen, zu ergründen, es sich einzugestehen, ist ein schwieriger, aber auch großer Schritt vorwärts. Haben wir es dupliziert, können wir unsere wirkliche, göttliche Macht klarer sehen.

Wir würden gerne alles verdrängen, was mit Macht zusammenhängt, doch dafür übt sie eine zu starke Anziehungskraft aus. Viele Menschen haben ein gestörtes Verhältnis zum Geld, weil sie Angst vor dessen Macht haben. Andere haben ein gestörtes Verhältnis zur Sexualität, weil sie Unterdrückung befürchten. Geld und Sexualität werden unbewußt dem „Bösen" zugeordnet und daher ergeben sich daraus so viele Probleme. Das ist der Blickpunkt von der Horizontalen aus; von der Wirklichkeits-Ebene her, der Vertikalen, bekommen Geld und Sexualität eine ganz neue, dynamische und machtvolle Interpretation im Sinne von dienender Energie.

Ein kosmisches Gesetz heißt: Wir leben unsere Glaubensgrundsätze. Diese sind uns meist unbewußt, wir können sie aber in der Gegenwart erkennen. Glauben wir, daß die Umwelt schuld ist an unserem Schicksal, an unserem Leid, wird sie es auch sein, das heißt die Umstände gestalten sich gemäß unserem Glauben und das Gesetz der Reflexion bringt uns dann in Situationen, deren Eintreffen wir befürchtet haben.

Diese Glaubensgrundsätze beziehen sich auch auf unsere Charaktereigenschaften. Sind wir überzeugt, daß der Mensch unaufrichtig, unzuverlässig oder egoistisch ist, werden wir es mit unaufrichtigen, unzuverlässigen und egoistischen Menschen zu tun haben. Gedanken sind Energie und Energie ist Macht.

Sind es anhaltend negative Gedanken, die wir unbewußt schon involviert haben, so erleben wir diese von außen kommend als Unterdrükkung. Wir fühlen uns von anderen Menschen und Situationen unterdrückt, weil wir in uns negative Gedanken unterdrücken. Wollen wir, daß sich in uns etwas verändert, brauchen wir einen starken Glauben, der über alle Zweifel und Hindernisse erhaben ist. Wie sehr wir zum Glauben fähig sind, drückte Jesus so aus: „Stehe auf, dein Glaube hat dir geholfen."

Glauben ermöglicht Gott-Überantwortung; das verändert unsere Wirklichkeit. Glaubensgrundsätze dagegen drücken Programme aus, von denen wir absolut überzeugt sind. In dem Wort Überzeugen steckt das Wort zeugen; mit dieser Kraft zeugen wir unsere Realität. Während Glauben immer unsere Wirklichkeit verändert.

Selbstbestimmung heißt nicht in erster Linie, welchen Beruf wir ausüben, sondern wie wir unsere seelischen Fähigkeiten der Liebe, der Weisheit, der Güte darstellen. Jedes Tun ist letztlich Gottesdienst und was ist dies anders, als dem Mitmenschen zu dienen, daß jeder seine Aufgabe in der Gemeinschaft erkennt und in diesem übergeordneten Sinn auch ausübt.

Auf das „WIE" kommt es an, die Qualität des Herzens ist gefragt. Und damit beginnt das Leben schön zu werden und sinnvoll. Hinter jedem sogenannten Zufall die Göttliche Ordnung und Führung erkennen. Wie aufregend interessant und voller Klarheit ist jetzt das Leben!

Aber warum gehen wir den mühsamen Weg, die Realität verändern zu wollen? Weil wir festhalten am Glaubensgrundsatz: „Ich mache lieber alles selbst." Auch dann, wenn es uns lästig wird und wir meinen, die Last kaum noch tragen zu können. Etwas erzwingen zu wollen, heißt innerer Kampf. Wenn wir für etwas kämpfen, um es zu bekommen, müssen wir kämpfen, um es zu behalten.

Wir sind nicht nur der Meinung, nein, wir können es auch besser als die anderen. Das bekommen sie zu spüren und dann wundern wir uns noch, warum wir uns immer mehr rechtfertigen müssen.

Die Last des Lebens, die wir so mit uns herumtragen, ist Ausdruck von Gottes*läst*erung. Wir sind sofort frei von dieser Last, wenn wir sie Gott überantworten. Oder vielmehr diejenigen Menschen Gott überantworten, die „schuld" sind an diesen lästigen Verpflichtungen. Sind wir ganz ehrlich mit uns selbst, dürfen wir mit diesen Menschen eine neue Ebene der Kommunikation eingehen. Wir verbinden diese Menschen mit ihrem göttlichen Ursprung und können die gemeinsame Vergangenheit hinter uns lassen.

Das schafft Klarheit in uns und zwischen den Menschen; dies ermöglicht uns, in der Gegenwart zu leben und den Mitmenschen zu dienen. Den größten Dienst am Menschen, den wir für ihn bewirken können, falls er selbst dazu nicht in der Lage ist, ist, ihn im Gebet Gott zu überantworten. Wir brauchen um den anderen nicht zu kämpfen, auch nicht um seine Heilung. Wir haben nur unsere eigene Vergangenheit abzulegen und ganz klar die Macht unserer Seele zu erkennen, um sie täglich dienend einzusetzen.

Auf dem Weg nach Innen können sich außergewöhnliche Dinge einstellen. Das ist als selbstverständlich zu akzeptieren, denn es ist die Öffnung zu einer neuen, unserer eigentlichen Welt. Einer der Lernprozesse dabei ist, anderen nicht alle unsere Erfahrungen mitzuteilen, sonst würden wir selbst verunsichert werden, müßten uns rechtfertigen und schon zweifeln wir wieder an unserem Glauben an die neuen Erfahrungen. Je weiter wir kommen, desto mehr haben wir zu schweigen! Die Begeisterung, die sich nach außen kehren will, ist nach Innen zu richten. Über ein persönliches Verhältnis zum Mitmenschen wird unsere innere Veränderung wahrgenommen.

Ein tiefer Glaube führt uns zu unserer *Selbst-Bestimmung*, die wir nur erfahren können, wenn wir auch an uns selbst, an unsere Macht der Seele glauben.

TYPOGRAMM der 6. Gruppe:

Lebensfreude – damit ich im Gleichgewicht bin.

	Fanatismus	–	**Wahrheit**	**Nerven**
	(Ursache)	–	(Essenz)	(Körperbezug)
1. Kompensation:	Selbstbeschränkung	–	Selbstbehauptung	**Filaree**
2. Identifikation:	Überzeugen	–	Geduld	**Golden Ear Drops**
3. Aufbesserung:	Rechthaberei	–	Solidarität	**Yarrow**
4. Umkehrung:	Extreme	–	Stabilität	**Calif. Wild Rose**
5. Projektion:	Gewalt	–	Lebensfreude	**Zinnia**
6. Verdrängung:	Gott-Fluch	–	Gerechtigkeit	**Peppermint**

Wir werden herausgefordert, die Extreme unserer Gefühle zu konfrontieren. Wir möchten die „dunkle" Seite von uns gerne verdrängen. Wir projizieren sie lieber nach außen, in die sogenannte böse Welt. Diese Welt, die Umwelt zeigt uns unsere Selbstbeschränkung. Wir erkennen, daß der Streit um die äußere Erscheinungswelt eine Farce ist, weil jeder eine andere Wirklichkeit hat und lebt. Es gibt ein kosmisches Gesetz: „Jeder hat recht." Jeder hat deshalb recht, weil jeder nur aus seiner Sicht die Dinge wahrnehmen kann – gemäß seines Bewußtseins, nach seiner Wirklichkeit, nach seinen Erfahrungen und – nach seinen unbewußten Kosmogrammen. Jeder hat recht, aber unrecht, wenn er glaubt, in andere Wirklichkeiten eingreifen zu müssen.

Unsere „dunklen" Seiten mit den unbewußten selbstbeschränkenden Programmen sind zu duplizieren. In den unbewußten Programmen liegt ein enormes energetisches Potential, das uns im transformierten Zustand voll zur Verfügung steht. Je verborgener diese Programme sind, desto gefährlicher können sie bei einem eventuellen Ausbruch werden. Wir verbrauchen sehr viel Energie, um unsere nicht erlöste Destruktivität unter Kontrolle zu halten. So stehen wir laufend unter einem hohen inneren Druck, den wir zu verbergen suchen. Unbewußt üben wir diesen Druck wiederum auf andere aus. Wie aber können wir diese physischen Kräfte, diese emotionalen Spannungszustände abbauen? Durch Selbstbehauptung. Indem wir uns zu unserer inneren Wahrheit bekennen – zum Gottbewußtsein. Ohne dieses Bewußtsein verfallen wir in Fanatismus, Rechthaberei und Gewalt. Daß Gewalt zu unserer „dunklen" Seite gehört, zeigt das „Milgram-Experiment" in den USA.

Hundert Männer und Frauen jeder Altersklasse wurden aufgefordert

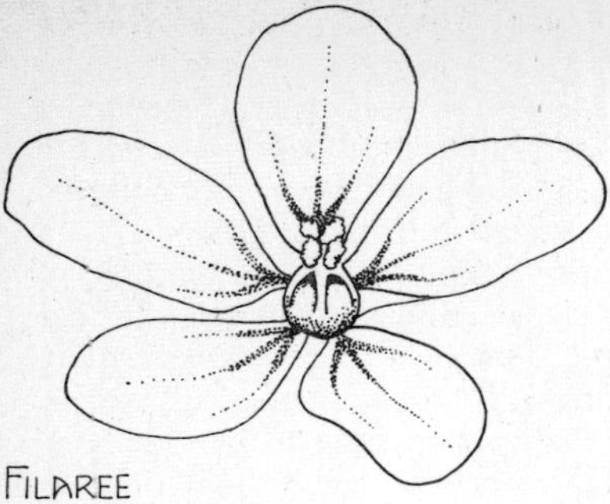

FILAREE

CALIFORNIA WILD ROSE

PEPPERMINT

ZINNIA

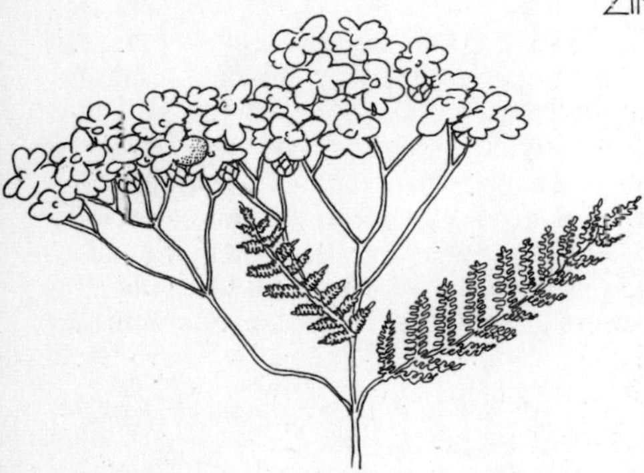

YARROW

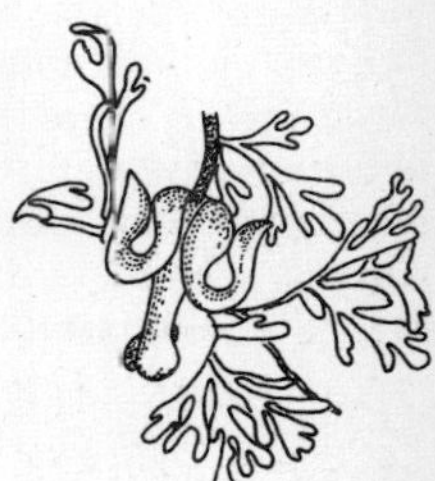

GOLDEN EAR-DROPS

per Knopfdruck elektrische Schläge von 10-400 Volt auszulösen. Ein Schauspieler übernahm die Rolle eines „Verurteilten", der auf dem „elektrischen Stuhl" in einem Raum saß und durch eine Glasscheibe von dem „Richter" getrennt war. So konnten die Versuchspersonen jede seiner Reaktionen auf ihr „Urteil" sehen. Je nach Volt-Stärke, die sie auf „Befehl" auszulösen hatten, zitterte der „Verurteilte" und verzerrte sein Gesicht, verkrampfte seinen Körper, schrie durchdringend, bis er „tot" umfiel – je nachdem, wielange die Versuchsperson den Befehlen des Mannes im „weißen Kittel" entsprach. Der Sinn des Experiments war es, festzustellen, wie sehr wir Menschen blindlings auf Befehle gehorchen, auch wenn es den Tod eines anderen Menschen bedeutet. Jeder war alleine mit dem Befehlshaber in der Kabine. Das Unvorstellbare geschah: Nur zwei Personen haben sich geweigert, die höchste Volttaste zu drücken, die den Tod bedeutete.

Was ist die Ursache für diese Tatsache? Vielleicht die Angst, sein eigenes Leben lassen zu müssen, wenn wir nicht fremden Befehlen gehorchen? Diese Angst ist nur möglich, wenn wir glauben, daß mit dem physischen Tod alles zu Ende ist, das heißt, wenn wir nicht an die Unsterblichkeit unserer Seele glauben. Es mangelt uns noch am Bewußtsein für die Wiedergeburt, am Bewußtsein für das „ewige Leben" auf verschiedenen Existenzstufen. Wiedergeburt ist etwas anderes als Reinkarnation. Der Glaubensgrundsatz der Reinkarnation geht davon aus, daß wir auf Erden viele Inkarnationen zu erleben haben, bis wir für eine höhere Entwicklungsstufe reif sind. Wiedergeburt dagegen bedeutet eine spiralförmige Entwicklung in der feinstofflichen Welt, in der Engel-Welt.

Mit der Reinkarnation – verstanden als Wiederverkörperung auf Erden – befinden wir uns viele Male „lebenslänglich" in der Kausalitäts-Spirale „Fanatismus". Während Wiedergeburt – verstanden als Transformation unseres multidimensionalen Wesens auf einer höheren Ebene – uns in Verbindung bringt mit der *Seins*-Spirale „Wahrheit". Sie bringt uns ins Gleichgewicht zwischen innen und außen, zwischen diesseits und jenseits, zwischen Geist und Seele. Dieses Gleichgewicht verschafft uns Lebensfreude, die Ausdruck göttlicher Gegenwart ist. Sie gibt uns auch Stabilität in unseren Gefühlen, in unserem Glauben und in unserem Dienst am Nächsten.

Fanatismus hat eine gewaltige Kraft in den zwischenmenschlichen Beziehungen wie in der Politik. Das Bedürfnis, überzeugen zu wollen, entsteht immer dann, wenn andere an das glauben sollen, woran wir selbst zweifeln. In dem Wort überzeugen steckt das Wort zeugen; mit dieser Kraft zeugen wir also unsere Realität, unsere Horizontale. Eine Realität von Gewalt und Destruktivität. Überzeugungen drücken Glaubensgrundsätze aus wie zum Beispiel der Trend der Zeit, die Menschen vom bevorstehenden Weltuntergang überzeugen zu wollen.

Wir wissen, daß die Energien, die wir bewußt und unbewußt aussenden, auf uns zurückfallen. In dieser Resonanz löst ständiges Überzeugen-wollen, den „Märtyrer-Komplex" aus; der Fanatismus wendet sich dann nach innen. Märtyrer leiden an der fehlenden Selbstbehauptung, daß sie sich mit ihrer vermeintlichen Wahrheit haben nicht durchsetzen können. Die „Überzeugten" laden sich mit diesen fremden fanatischen Gedanken viel seelischen „Müll" auf und untergraben dabei ihre eigene Selbstbehauptung. Der nach innen gerichtete Fanatismus wirkt sich bei diesen Menschen als Depression aus.

Wird unser versteckter Fanatismus offenbar, brauchen wir ihn nicht weiterzugeben in Form gewaltsamer Durchsetzung unserer Vorstellungen. Diesen Kreislauf gilt es zu durchbrechen. Erreichen können wir dies durch das Aufbringen von mehr Geduld. Geduld haben für das Wachstum unserer eigenen seelisch-geistigen Entwicklung und Geduld mit dem Mitmenschen, der auf einer anderen Entwicklungsstufe steht und dort entsprechend seinen Fähigkeiten und Möglichkeiten gerecht behandelt werden will. Wir fühlen uns auch schlecht, wenn wir uns ungerecht behandelt fühlen. Wie schnell fallen wir doch aus unserer eigenen Mitte, aus unserer Stabilität, wenn uns eine falsche Anschuldigung trifft.

Stabilität jedoch ist Voraussetzung, um Solidarität zu entwickeln; das Bewußtsein, daß wir uns miteinander zu entwickeln haben. Wir Deutschen haben ein besonderes Defizit an Lebensfreude. Ausländer fragen uns oft: „Wieso seid ihr alle so verkrampft und so ernst, als ob eine dunkle Wolke auf euch lasten würde?" Diese Wolke heißt Selbstbeschränkung. Unser Mund läuft über, weil wir voll Sorgen, Nöten und Krankheiten sind und das Herz bleibt verschlossen. Wir haben ein großes Problem, uns selbst zu behaupten. Im Duden kommt das Wort Selbstwert(gefühl) überhaupt nicht vor! Dafür können wir gut ein Urteil über andere Menschen abgeben, über ihre Handlungsweisen. Unsere mangelhafte Selbstbehauptung führt dazu, daß wir gerne Pauschalurteile abgeben und zu Verallgemeinerungen neigen: „Es war schon immer so ...", „Alle haben ...", „Niemals werde ich ..." und so weiter.

Wir nehmen uns zu wenig Zeit, um nach Innen zu schauen und wir haben zu wenig seelischen Raum, unser Bewußtsein in die kosmische Dimension zu erweitern, weil wir Angst auch vor der eigenen Wahrheit haben, die wir dann leben müßten. Diese Selbstbeschränkung bringt auf der anderen Seite religiösen Fanatismus hervor. Falsche Propheten lassen eine Ersatzhandlung, eine Umkehrung der Werte erkennen. Unsere Instabilität und unsere Ungeduld stehen uns im Wege. Wir möchten zu viel auf einmal erreichen. Geduld braucht Liebe. Solidarität braucht Liebe. Solidarität ist eine andere Form von Gerechtigkeit als wir gewohnt sind. Wir wollen recht haben, aber nicht gerecht sein; wir wollen unser Recht durchsetzen, notfalls mit Gewalt, aber nicht gerichtet werden.

Welche falsche Wahrheit leben wir? Den Glauben, daß ein Fluch Gottes über den Menschen lastet und daß diese Erde ein Verbannungsort ist. Dieser weitverbreitete Glaube hat mit Gerechtigkeit nichts zu tun. Das ist Angst vor einem „schwarz-magischen" Gott, die uns viel Lebensfreude kostet. Lebensfreude ist jedoch der Schlüssel zur Wahrheit, die uns ins göttliche Gleichgewicht, ins Zentrum unseres Selbstes bringt.

Es fehlt das Gleichgewicht zwischen Kopf und Bauch, Denken und Intuition, Wissen und Weisheit. Der längste Weg in unserem Leben ist bekanntlich der Weg vom Kopf zum Bauch, vom Denken zum Fühlen. Der Körper-Auslöser sind die Nerven. Sie zeigen uns, ob oder wie gut wir im Gleichgewicht sind. Neurotransmitter, die sogenannten Botenstoffe der Nervenzellen werden entweder blockiert (Depression) oder zu sehr angeregt (Manie). Ein Mangel am Neurotransmitter Serotonin überschwemmt diese Menschen mit Bildern aus dem Unbewußten, denen sie nicht mehr gewachsen sind.

Angespannte Nerven sind nicht nur ein Zeichen von Überarbeitung, sondern Ausdruck unterdrückter „Gewalt" und unterdrückter Emotionen. Durch das Reizüberangebot, vor allem durch Konsumreize, sind unsere Nerven sehr überspannt. Immer auf der Suche nach „Leben", ohne das Leben wirklich wahrzunehmen.

Nervenkranke nennen wir auch Gemüts- oder Geisteskranke. Oft unterliegen sie einem unbewußten Fluch, den sie auf Gott projizieren. Sie durchleben das Martyrium der Ungerechtigkeit, haben jedoch ihre eigene unbewußte Resonanz, Opfer solcher Projektionen geworden zu sein. Diese Kranken lösen in uns Schuldgefühle aus und deshalb müssen wir sie auch aus unserer Gesellschaft in Anstalten verbannen und sie mit Medikamenten lahmlegen. Sie demonstrieren das Irrewerden an dem „destruktiven Bösen" und der nicht gelebten Wahrheit des Menschen, daß er göttlich ist.

Leben wir in dieser göttlichen Wahrheit, werden wir uns als Menschen wirklich gerecht. Diese Weisheit, die aus dem Wissen um die göttliche Wahrheit entsteht, gibt uns eine Stabilität aus unserer Mitte heraus. Je mehr Mut wir zur Selbstbehauptung haben, desto näher sind wir der Lebensfreude.

TYPOGRAMM der 7. Gruppe:

Selbstbesinnung – damit ich meine Hindernisse erkenne

	Haß	–	**Vergebung**	**Herz-Kreislauf**
	(Ursache)	–	(Essenz)	(Körperbezug)
1. Kompensation:	Selbsthaß	–	Selbstbesinnung	**Mariposa Lily**
2. Identifikation:	Widerstand	–	Autorität	**Sagebrush**
3. Aufbesserung:	Feindschaft	–	Brüderlichkeit	**Hounds Tongue**
4. Umkehrung:	Narzißmus	–	Mitgefühl	**Scotch Broom**
5. Projektion:	Aufopferung	–	Hilfsbereitschaft	**Sweet Pea**
6. Verdrängung:	Gott-Zorn	–	Läuterung	**Dandelion**

Selbstbesinnung heißt, sich zu konfrontieren: seine Situation, seine Auslöser, seine Ursachen, sein Unbewußtes. Konfrontation heißt: sich dem Leben, sich selbst, dem Mitmenschen und Gott zu stellen. Die meisten Menschen jedoch weichen mit jeder Verdrängung, mit jeder Kompensation, mit jeder Projektion, mit jeder Aufbesserung ihren Problemen aus.

Zum Konfrontieren brauchen wir Ausdauer, Willen, Charakterfestigkeit und Durchhaltevermögen. Diese Fähigkeiten werden gestärkt durch den Glauben an das Gute, an die Notwendigkeit der eigenen Entwicklung, an den Sinn unseres Daseins, an die Erlösung, an die Vergebung und an unsere innere Stärke. Warum fällt uns das Konfrontieren – diese Begegnung mit unserem unbewußten Teil und dem unbewußten Teil des Mitmenschen – so schwer? Da müssen doch Dinge verborgen sein, die wir lieber nicht vor unser Angesicht treten lassen wollen. Das sind unsere Emotionen: verdrängte negative Gefühle, angestaut und gesammelt über viele Generationen. Wie gehen wir mit unseren Emotionen energetisch um? In der Kompensation verhalten wir uns so, daß keiner die negativen Gefühle erkennen kann; in der Verdrängung tun wir so, als ob diese Emotionen gar nicht existierten; in der Identifikation leiden wir unter ihnen; in der Projektion wollen wir sie unbewußt abschieben.

Welche emotionalen Kompensatoren sind gemeint? Neid, Mißgunst, Eifersucht, Wut, Feindseligkeit, Widerstand. So verhalten wir uns zum Beispiel ganz konform, um dem anderen unseren Widerstand nicht spüren zu lassen. Welche emotionalen Verdrängungen sind gemeint? Habgier, Rache und vor allem Haß. Haß ist die Abwesenheit von Liebe. Wenn wir uns ehrlich überprüfen, wen und was wir nicht lieben,

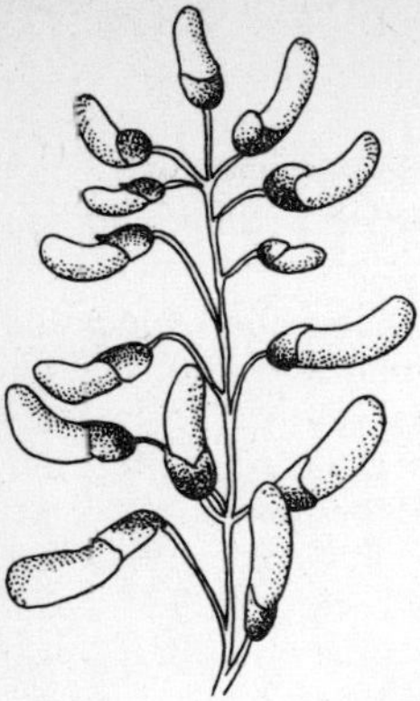

SCOTCH BROOM

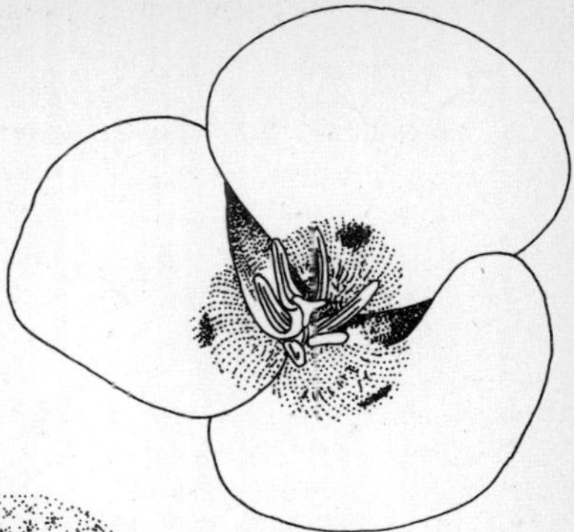

MARIPOSA LILY

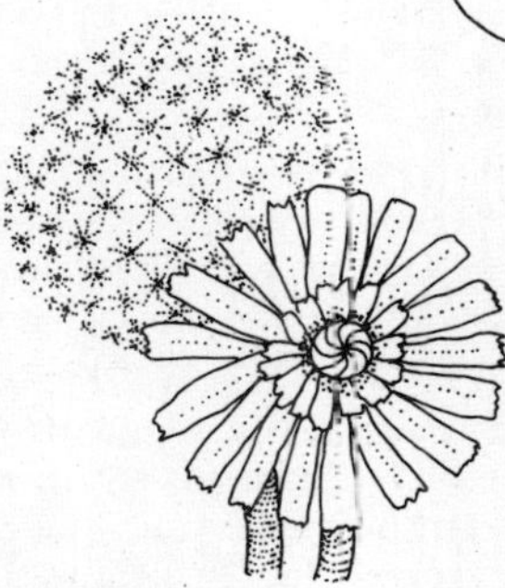

DANDELION

HOUND'S TONGUE

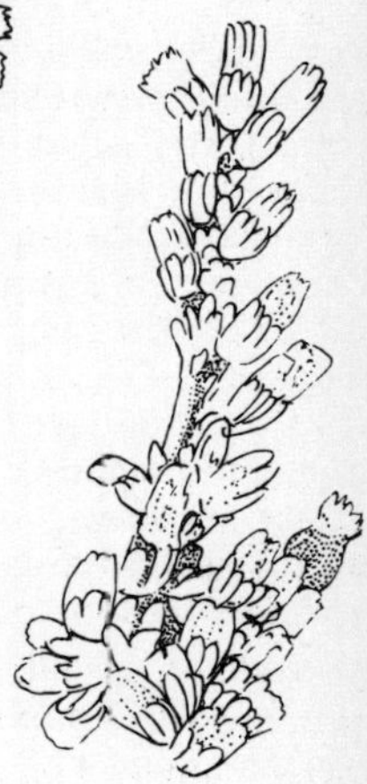

SAGEBRUSH

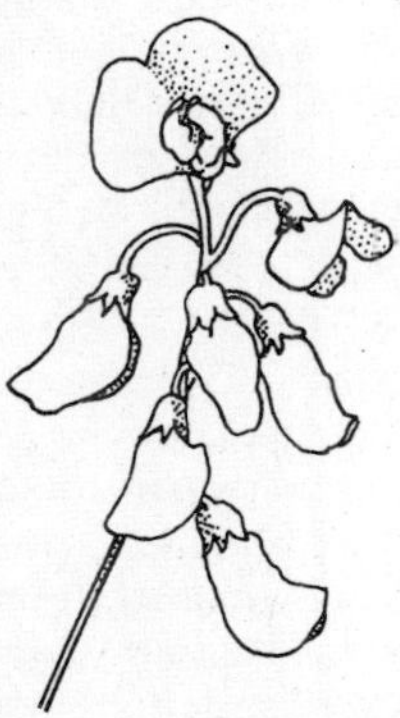

SWEET PEA

dann werden wir verstehen, warum Haß so weit verbreitet ist. Wir sagen, die Welt oder die Menschen sind so grausam, so böse, wie soll ich dies alles lieben können? Darum gerade geht es – im eigenen Inneren die Verdrängungen aufzuspüren, sich auf sie zu besinnen. Wenn wir den Haß in uns selbst wahrnehmen und anfangen, uns selbst und anderen zu verzeihen, dann kann uns Haß vergeben werden.

Haß bedarf also der Vergebung Gottes; wir als Menschen können die anderen nur um Verzeihung bitten. Woher kommt diese Flut von bewußtem und unbewußtem Haß? Erfüllen wir das Gebot der Nächstenliebe nicht? Doch, im allgemeinen schon. Das ist die Vorderseite, aber die Rückseite, die es zu erfüllen gilt, heißt: „Liebe deinen Nächsten wie dich *selbst*." Doch dieses Gebot der Selbstliebe übertreten wir ständig! Mit jeder Weigerung, uns selbst zu lieben, entsteht Selbsthaß. Er ist zurückzuführen auf das Nicht-Annehmen-Können der göttlichen Vergebung.

Wir nehmen die göttliche Vergebung nicht an, weil wir glauben, Gott zürnt mit uns. Der strafende, der rächende oder auch der zornige Gott sind „vererbte" Gottbilder, die verhindern, daß wir an einen gnädigen, gütigen und liebenden Gott glauben. Diesen notwendigen Transformationsvorgang nennen wir Läuterung der Seele.

Auf einem meiner Seminare war ein Mann, der seit Jahren auf dem spirituellen Weg ist und dabei nicht einen Schritt weitergekommen ist. Er hatte so viele schwere Erkrankungen mitgemacht und spürte, daß auch diese ihn nicht weitergebracht hatten. „Es *muß* doch einen Weg geben" – indem er dies aussprach, wurde er immer aggressiver; später verzweifelt, letztlich fassungslos. Sein Eigenwille war zu stark und er selbst zu wenig demütig. Mit dem Hinweis, sich selbst und anderen zu vergeben und sich der Gnade Gottes hinzugeben, konnte er nichts anfangen. Er fragte, ob es denn keine Abkürzung zum lieben Gott gäbe? Er hatte damit die bereits gegebene Antwort verworfen. In seinem Gottzorn war er unfähig, seine Seele durch Vergebung zu läutern und so geht für ihn die Suche weiter.

Wir Menschen sind nur in der Gemeinschaft lebensfähig und deshalb haben wir auch unsere Sozialstrukturen zu konfrontieren, das heißt, die daraus entstehenden Realitäten wie Reaktorunfälle, Umweltvergiftungen, Katastrophen: Sie sind das sichtbare Zeichen unserer unbewußten Gottesbilder.

Diese Selbstbesinnung in bezug auf den Mitmenschen ist Sinnbild der Brüderlichkeit. Jeder einzelne Mensch wird zum Bruder, wenn er seine Feindseligkeiten abgelegt hat. Auf diese Weise überwindet er auch seinen eigenen Narzißmus und kann Mitgefühl auch denen gegenüber aufbringen, die noch nicht „Brüder" sind. Er kann hilfsbereit sein, ohne sich für sie aufopfern zu müssen. Das verschafft ihm natürliche Autorität und Harmonie mit seinem *Selbst*, mit seinem Sein.

Diese Harmonie erreichen wir durch die Aufgabe des Widerstandes gegen uns selbst und gegen die anderen: den Widerstand gegen das Gute, gegen Gott. Um den Widerstand gegen das Gute nicht wahrnehmen zu müssen, tun wir Gutes – bis zur Aufopferung, zur Selbstaufgabe. Paradoxerweise opfern wir uns am ehesten für die auf, die wir unbewußt hassen. Die Beweggründe für diese Aufopferung ist der eigene Narzißmus: seht doch wie gut, wie hilfsbereit ich bin! Wir tun das offensichtlich Gute und sind dann entrüstet über die Undankbarkeit derjenigen, denen wir geholfen haben.

Letztlich können wir aber in der Aufopferung für andere keine echte Befriedigung finden, weil alle Hilfsaktionen dem verzweifelten Verlangen entspringen, dem Selbsthaß, dem Widerstand gegen uns selbst zu entfliehen, um inneren Frieden zu finden. Und schließlich beklagen wir uns, daß uns diese Hilfe für andere viel eigene Kraft kostet, so daß wir uns selbst oft leer und deprimiert fühlen.

Besinnen wir uns auf die sich abspielenden Energien und bitten um Verzeihung – damit sind wir frei und der andere ist auch energetisch frei.

Diese Selbstbesinnung in bezug auf den Mitmenschen nennen wir Brüderlichkeit. Jeder einzelne Mensch wird zum Bruder, wenn er seine Feindseligkeit abgelegt hat. Auf diese Weise legt er seinen eigenen Narzißmus ab und kann Mitgefühl auch denen gegenüber aufbringen, die noch nicht „Brüder" sind. Er kann hilfsbereit sein, ohne sich für sie aufzuopfern. Dadurch kommt er in Harmonie mit seiner natürlichen Autorität.

Auf dem Weg zum Gottbewußtsein begegnen uns immer wieder Versuchungen, die wir erkennen müssen. Um welche Versuchungen geht es? Die erste Versuchung sind Süchte aller Art: Süchte, die wir direkt dem Körper zuführen wie Zigaretten, Alkohol, Tabletten, Drogen, übermäßige Süßigkeiten und indirekten Süchte wie Eifersucht und Selbstsucht. Die zweite Versuchung liegt im Wunsch um das Wissen der eigenen Zukunft. Diese Vorwegnahme der Zukunft durch Hellseher, Astrologen usw. bringt die Gefahr des Determiniertwerdens. Wir werden durch Aussagen dieser Autoritäten zum ausführenden Organ dieser Determinationen degradiert. Eine Frau zum Beispiel, die in der 9.

Schwangerschaftswoche nach einem Streit mit einer Arbeitskollegin ihr erstes Kind verliert, erinnert sich an die Vorhersage einer Hellseherin vor 10 Jahren, daß sie kein Kind bekommen könne. So erfüllen sich unsere Determinationen. Die dritte große Versuchung ist, Karma als unabdingbares Schicksal zu verstehen. Hier leben wir die „Flucht in das Karma". Die Vorstellung von Karma als Schicksal ist von Menschen geschaffen worden, die nicht an die Vergebung und Gnade Gottes glauben können.

Alle drei Versuchungen sind letztlich auf Haß zurückzuführen.

Süchte – Selbsthaß
Zukunftsdetermination – Haß auf Mitmenschen
Karma als Schicksal – Gotthaß.

Körper-Auslöser sind dafür Herz und Kreislauf. So stark, wie der Haß verdrängt ist, so offensichtlich sind die Herz und Kreislauferkrankungen. Das Herz hat zwei Kammern, welche die Liebe zu mir selbst und die Liebe zu den Mitmenschen symbolisieren. Der Kreislauf ist ein Gradmesser für die Konfrontationsfähigkeit. Ein niedriger Blutdruck neigt zu Verdrängungen, ein hoher Blutdruck zu Kompensationen.

Ein weiterer Körper-Auslöser sind Lungenerkrankungen. Asthmakranke sind beispielsweise unfähig, den Gefühlsforderungen zu entsprechen und kommen in Bedrängnis: physisch antworten sie auf den Druck mit Atemnot. Atem ist Leben. Leben ist Liebe. Aber gerade liebendes Leben läßt sie innerlich in Not geraten. Andere Lungenkranke haben es dagegen mit forderender Liebe zu tun. Sie fordern von anderen Liebe und können diese Liebe dann nicht annehmen, oder fordern andere von ihnen Liebe, so können sie diese nicht geben.

Vergebung ist der Schlüssel zur Liebe; Liebe ist der Schlüssel zum Gottbewußtsein.

Wie aber bekommen wir Zugang zu unserer seelischen Liebe? Der Weg führt nach Innen, über die Meditation zum Gebet. Durch das Gebet stärkt sich das Vertrauen in uns und zu uns selbst und zu unseren Gefühlen. Durch das Gebet stärkt sich unser Glauben. In der Stille bekommen wir alle Antworten, wodurch unsere Liebesfähigkeit gestärkt wird. Dann werden die 10 Gebote zu den 10 Freiheiten. Aus dem Gebot „Du sollst nicht töten..." wird „Du brauchst nicht töten ..", weil Gott in uns ist. Gebet heißt Vergebung.

TYPOGRAMM der 8. Gruppe:

Selbstbewußtsein – damit ich demütig sein kann

	Mitleid	–	**Selbstzufriedenheit**	**Verdauungsorgane**
	(Ursache)	–	(Essenz)	(Körperbezug)
1. Kompensation:	Selbstmitleid	–	Selbsthingabe	**Arnica**
2. Identifikation:	Lügen	–	Barmherzigkeit	**Madia**
3. Aufbesserung:	Sünde	–	Freiheit	**Sticky Monkeyflower**
4. Umkehrung:	Verherrlichung	–	Selbstlosigkeit	**Pink Yarrow**
5. Projektion:	Krankheit	–	Selbstbewußtsein	**Corn**
6. Verdrängung:	Gott-"Frömmigkeit"	–	Demut	**Dogwood**

Sind wir selbstbewußt, leben wir in der „Kosmische Ordnung". Am besten zeigt uns das Beispiel Krankheit unser inneres Chaos – wir sind aus der göttlichen Ordnung gefallen. Wodurch? Durch unser mangelndes Selbstbewußtsein, das heißt, wir sind uns unseres eigenen *Selbstes* nicht bewußt. Wie selbstbewußt wir sind, zeigt sich am Verhalten den Mitmenschen gegenüber.

Woher kommt unser schwaches Selbstbewußtsein? Es hängt linear zusammen mit unserem Gottbewußtsein. Graphisch läßt es sich durch ein Dreieck darstellen:

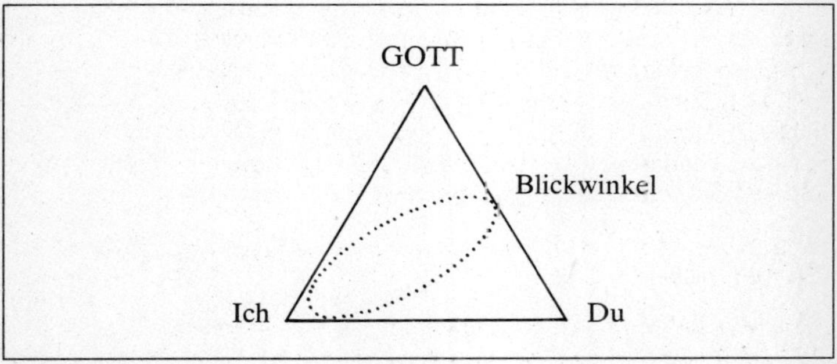

Abb.: Gottbewußtsein-Selbstbewußtsein

Das Zentrum ist das ICH. Das volle Dreieck stellt die göttliche Ordnung dar. Je mehr ich auf das DU blicke, desto voller wird das Dreieck; bin ich ganz im DU, bin ich ganz in meinem SELBST und das eutet, daß ich ganz in Gott bin.

ARNIKA

STICKY MONKEYFLOWER

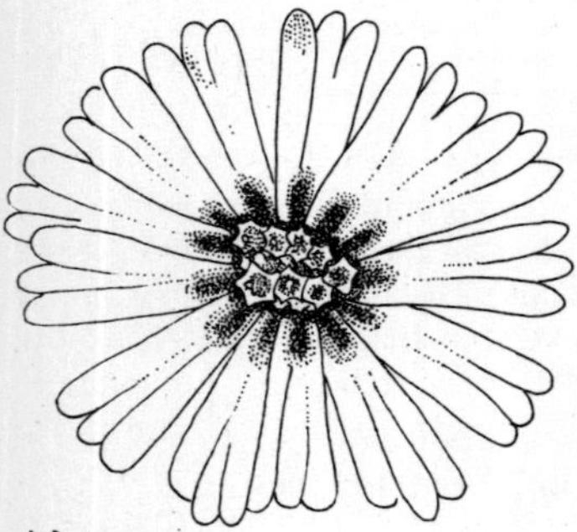

MADIA

DOGWOOD

CORN

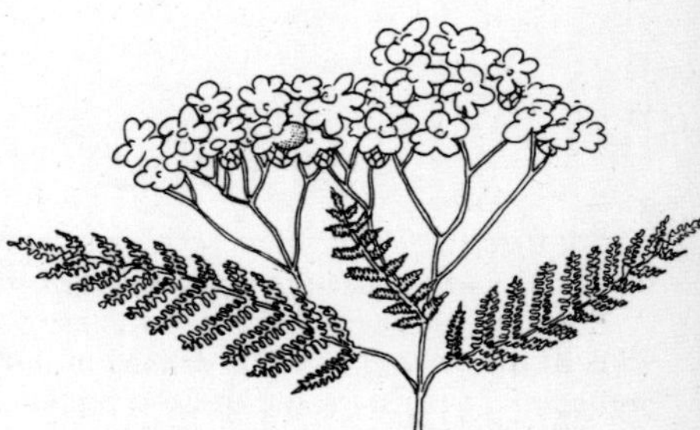

PINK YARROW

Je mehr ich im DU bin, desto selbstzufriedener bin ich.
Je mehr ich im DU bin, desto barmherziger bin ich.
Je mehr ich im DU bin, desto freiheitsliebender bin ich.
Je mehr ich im DU bin, desto selbstloser bin ich.
Je mehr ich im DU bin, desto selbstbewußter bin ich.
Je mehr ich im DU bin, desto demütiger bin ich.

Ich täusche mich, wenn ich sage: Ich verehre Gott, aber nicht die Menschen.
Ich täusche mich, wenn ich sage: Ich gebe mich Gott hin, aber ich liebe die Menschen nicht.
Ich täusche mich, wenn ich sage: Ich glaube an Gott, aber nicht an die Menschen.
Ich täusche mich, wenn ich sage: Ich bete zu Gott, kann aber die Menschen nicht um etwas bitten.

Wir ziehen *die* Energien an, über die wir gerade sprechen. Der Grad des Selbstbewußtseins läßt sich gut über die Selbstdarstellung durch die Sprache ablesen. Wir wollen freundlich sein und fragen „Wie gehts denn?" und bleiben dann am Thema Krankheit hängen. Welches Programm ist die Ursache für dieses leidige Thema? Mitleid – das wir erregen wollen, weil wir uns selbst bemitleiden. Damit wird bei beiden Gesprächspartnern neues Leid ausgelöst, weil alte Emotionen aktiviert wurden, die zur Krankheit führten. Und schon ist die Atmosphäre vergiftet. Das führt zu erneuter Krankheit, weil wir durch das Sprechen über Krankheit deren vergiftende Energien wieder anziehen, und Mühe haben, sie wieder auszuschwemmen.

Krankheiten ziehen zuviel Aufmerksamkeit von unserem *Selbst* ab. Selbstlosigkeit bedeutet unter anderem frei zu sein von solchen krankmachenden Gesprächen. Erkennen wir die Ursache einer Krankheit nicht, entsteht auf diese Weise eine chronische Krankheit und damit entfernen wir uns immer weiter von unserem göttlichen Wesenskern.

Wir machen uns oft gegenseitig von unserer Gefühlslage abhängig: wir sind zwar bereit, uns von guter Laune anstecken zu lassen, lassen uns aber in den eigenen guten Gefühlen erschüttern, wenn es den anderen schlecht geht. Wenn wir nicht mit unserem ständigen Mitleid – außen in der Welt – und unserem ständigen Selbstmitleid – innen als Krankheit – „hausieren" gingen, könnten wir durch Selbsthingabe erfahren, was es heißt, demütig zu sein und damit der kosmischen Ordnung zu entsprechen. Selbsthingabe in bezug auf Gott führt zu selbstübereinstimmendem Handeln. Wir nehmen den göttlichen Willen wahr durch unsere Intuition.

Was versperrt uns den Weg zum DU und damit zu Gott? Gift! Jesus sagte: „Gift ist nicht das, was ihr in den Mund hineintut, sondern was aus eurem Mund herauskommt." Das bedeutet, daß wir das Thema Umweltverschmutzung einmal von innen betrachten sollten.

Der Körper-Auslöser sind die Verdauungsorgane. Sind sie krank, ist auch unser elektromagnetisches Feld in Disharmonie. Das elektromagnetische Feld, das den Körper umgibt, hat einen Bezug zu negativen Gedanken und zu falschen Entscheidungen. Beides – die negativen Gedanken und das elektromagnetische Feld – machet uns krank. Der Magen steht dabei für existentielle Probleme (materiell oder immateriell); die Galle drückt Ärger aus und die Leber Haß; der Zwölffingerdarm den Konflikt zwischen Beruf und Familie; Dünndarm und Dickdarm stehen für nehmende und gebende Liebe. Daraus ersehen wir, daß wir negative Gedanken gar nicht verdauen können. Negativ bewertete Nahrungsmittel, denen wir den Stempel „ungesund" aufdrükken, verursachen ein negatives elektromagnetisches Feld.

Mit fortschreitender Entwicklung werden uns auch unsere Eßgewohnheiten bewußt und können plötzlich in das Extrem fallen, daß nur Vollwertkost oder Makrobiotik gesund sei. Essen wir dann doch etwas anderes, negativ Bewertetes, vergiften wir das Essen mit dem Gedanken, daß wir gesündigt haben. Dies schwächt erst recht unsere körpereigene Abwehr. Für die Zellen sind unsere Gedanken übergeordnete „Wesenheiten", denen sie zu entsprechen haben.

In jedem System – wie zum Beispiel unser physischer Körper eines ist – hat jedes Organ, jede Zelle ihre eigene Intelligenz, die sich allerdings einem „höheren Willen" unterzuordnen hat, denn ohne das übergeordnete Ganze (physischer Körper) ist eine sinnvolle Funktion nicht möglich. Werden Zellverbände von der übergeordneten Information abgeschnitten, dann beginnt der Eigenwille der Zellen kuriose Dinge zu tun, es entstehen Zellwucherungen oder Zelluntergang – zuerst entsteht energetische Unordnung, dann Krankheit und schließlich Tod.

Da das hermetische Gesetz „Innen wie Außen" gilt, sind wir Menschen mit unserem physischen Körper auch nur eine „Zelle" im Verbundnetz einer höheren Wesenheit – dem Sonnensystem –, der wir uns unterzuordnen haben. Das bedeutet, den Willen Gottes für das größere Ganze wahrzunehmen.

Mitleid hat seinen Ursprung im Selbstmitleid. Das Mit-leid mit den Kranken, mit den Arbeitslosen, mit den Armen führt dazu, daß wir durch unser mit-leiden das Leiden noch vermehren. Aus Mitleid zu handeln, entfernt uns von unserer Selbstzufriedenheit und wir erliegen dem, was wir am meisten fürchten: Krankheit, Unglück, Leid.

Wir üben durch Mitleid keine Barmherzigkeit aus, sondern verwalten und managen die Hilfsbedürftigen noch und belügen uns selbst damit und die Mitmenschen. Wir glauben nämlich, daß Gott sich uns gegenüber barmherzig zeigt, wenn wir Mitleid haben. Wir wollen uns sozusagen bei Gott beliebt machen und jeden Tag eine gute Tat tun. Das ist unsere Vorstellung von Selbstlosigkeit; wir sind uns aber dabei nicht bewußt, daß dies einer Selbstverherrlichung gleichkommt. Durch Mitleid verherrlichen wir nicht nur Krankheit, sondern auch das, was wir Sünde nennen. Daß das Betonen des Negativen schon Sünde ist m kosmischen Sinne – dieses Bewußtsein haben wir noch zu entwickeln.

Die Massen-Medien erregen täglich in uns Mitleid mit den „Sündern“. Wir glauben, daß es unsere Freiheit ausmacht, daß wir davon nicht betroffen sind. Freiheit ist die bewußte Entscheidung, gut und glückselig sein zu dürfen. Alle festgefahrenen Denkstrukturen kosten letztlich unsere Freiheit. Wirkliche Freiheit heißt, an den auferstandenen Christus in uns zu glauben, an die bereits vollzogene Erlösung durch die Christusliebe.

Christusliebe macht selbstbewußt. Christusliebe ermöglicht Demut. Wir können demütig aber nur aus der Stärke heraus sein als Ausdruck höheren Bewußtseins. Durch Demut drückt sich unser Mut aus, sich zu Gott zu bekennen und sich dem göttlichen Willen unterzuordnen. Durch Demut entsteht innerer Friede und so fällt uns das Leben in der kosmischen Ordnung leichter. Verstehen wir aber das Christusbewußtsein falsch und identifizieren uns mit dem Leidenskreuz Jesu, macht es uns „fromm“, aber nicht demütig. Hören wir also auf, das Leidenskreuz zu verherrlichen.

In keiner der Kirchen finden wir das Symbol des Auferstandenen, des Erlösten, sondern nur das Kreuz des Leidenden, das die Vorstellung von Schuld und Sühne, von Sünde und ewiger Verdammnis gebracht hat. Aber das ist nicht die Barmherzigkeit, von der Jesus gesprochen hat. Er predigte nicht Mitleid, sondern Liebe als die große Kraft der Erlösung. Und Liebe hat mit Gottfrömmigkeit nichts zu tun. Vermeintliche Frömmigkeit geschieht aus unbewußtem Mitleid mit der Kirche.

Haben wir die Freiheit zur Liebe in uns entdeckt, dürfen wir selbstlos demütig sein und selbstzufrieden in unserem Selbst- und Gottbewußtsein.

TYPOGRAMM der 9. Gruppe:

Selbstbejahung – damit ich mich geborgen fühle.

	Zweifel	–	**Entscheidungen**	**Wirbelsäule**
	(Ursache)	–	(Essenz)	(Körperbezug)
1. Kompensation:	Selbstzweifel	–	Selbstbejahung	**Star Thistle**
2. Identifikation:	Nachahmung	–	Persönlichkeit	**California Poppy**
3. Aufbesserung:	Idealisierung	–	Realität	**Chapparal**
4. Umkehrung:	Ruhelosigkeit	–	Geborgenheit	**Scarlet Monkeyflower**
5. Projektion:	Unsicherheit	–	Hoffnung	**Garlic**
6. Verdrängung:	Gott-Isolation	–	Güte	**Violet**

Wir fragen uns, was ist eigentlich Güte? Denn sie ist ja etwas ganz anderes als Gerechtigkeit und doch können wir nur gerecht sein, wenn wir wissen, was es heißt, gütig zu sein. Dieses Nicht-Beantworten-Können macht unseren Zwiespalt aus und bringt Unsicherheit in unser Leben. Das bezieht sich auf alle „großen Freuden des Lebens". Doch ihre Beantwortung bestimmt unseren Alltag. Ihre Beantwortung und das sofortige wieder Bezweifeln läßt uns wieder in inneren Zwiespalt geraten zwischen Bewunderung und Angst, zwischen Anerkennung und Verleumdung, zwischen Loben und Verurteilen, zwischen dem Absoluten und dem Relativen.

Der Glaube an das Böse *wie* an das Gute zwingt uns, unsere Antworten wieder in Frage zu stellen. Die Ursache für dieses „Keine-Antwort-finden" liegt im Selbstzweifel. Durch das ständige verzweifelte Fragen entsteht Ruhelosigkeit. Der Anschluß an die Intuition würde zweifelsohne Antworten geben, doch wir trauen unserer Intuition lieber nicht, sondern wollen sie noch mit dem Verstand, mit dem Kopf überprüfen! Der Verstand jedoch verbindet uns mit Erinnerungsbildern, also mit der Vergangenheit. Die Intuition verbindet uns mit Gott, also mit der Gegenwart.

Intuition kommt aus dem Bauch. Dort fühlen wir uns geborgen, denn im Bauch der Mutter lebten wir 9 Monate geborgen und wurden aus dem Bauch heraus geboren. Unsere Geburt zu bejahen gibt uns auch im Leben Geborgenheit. Fehlt uns die Selbstbejahung, sind wir noch nicht ganz geboren. Die Nabelschnur verbindet Mutter und Kind und die Verbindung zu Gott geht wiederum von diesem Nabel-Zentrum aus. Die Nabelschnur gab uns Sicherheit und Geborgenheit. Die Durchtrennung der Nabelschnur nach der Geburt läßt in uns oft ein Trauma entstehen vom Getrenntsein von Gott.

SCARLET MONKEYFLOWER

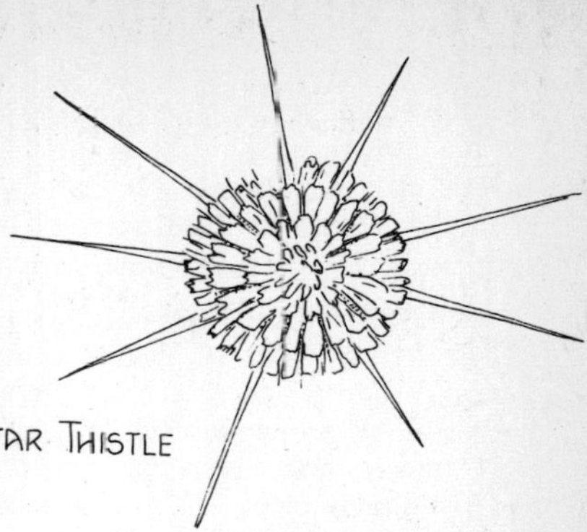

STAR THISTLE

GARLIC

CALIFORNIA POPPY

VIOLET

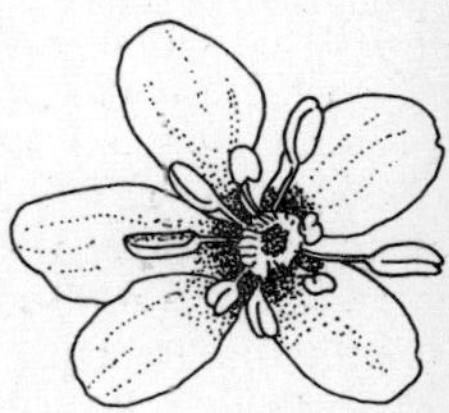

CHAPPARAL

Diese Isolation von Mensch und Gott beruht auf einer nicht getroffenen Lebensentscheidung: „Meine Seele sagt JA zu Gott." Ist diese Entscheidung der Seele bei der physischen Geburt nicht getroffen worden, so können wir sie heute bewußt nachholen: „Ich sage JA zu meiner Geburt." Alle bisherigen Entscheidungsschwierigkeiten beruhten auf einem NEIN zur physischen Existenz. Ein JA öffnet alle Tore zu einem neuen Gottbewußtsein, zu einem neuen Leben.

Dieser erste Schritt ist wie ein Sprung ins kalte Wasser. Aber wenn wir einmal gesprungen sind, spüren wir zum ersten Mal, daß wir auch getragen werden; dadurch entwickeln wir immer mehr Selbst- und Gottvertrauen. Wenn wir immer der göttlichen Gegenwart vertrauen und uns geführt und beschützt wissen, ist es viel leichter, sanftmütig, gütig, liebevoll und barmherzig zu sein – mit uns selbst und mit den anderen. Indem wir demütig „Danke" sagen, passen wir uns einer veränderten Wirklichkeit in der Gegenwart an. Der Anschluß an die göttliche Wirklichkeit gibt uns Hoffnung auf Selbstverwirklichung.

Selbstbejahend nehmen wir die Realität ganz anders wahr. Sie ist eine ganz andere geworden durch unsere veränderte Wirklichkeit. Jetzt, wo die Realität unserem Bewußtsein entspricht, brauchen wir sie nicht mehr zu idealisieren. Wir während wir die Bewegung des Schneidens wenige Millimeter übentscheiden uns, die kosmischen Gesetze für unser Leben anzuwenden: dann erfahren wir das, wonach wir uns immer gesehnt haben: Geborgenheit im Leben und durch das Leben selbst. Das ist unsere innere Wahrheit. Wir verstehen jetzt, warum Wahrheit so wenig populär ist, weil wir über sie nicht sprechen können, sondern sie ist nur zu erfahren.

„Ist das auch richtig, was ich tue?" „Ist das meine wirkliche Berufung?" „War ich gut genug?" „Habe ich meiner Mutter nicht unrecht getan?" Wir entscheiden uns für eine Antwort, und im nächsten Augenblick zweifeln wir sie wieder an. Wir zweifeln an unserer Entscheidungsfähigkeit und lassen die Dinge dann lieber laufen und auf uns zukommen. Das verstrickt uns auf der Realitäts-Ebene in fast auswegslose, verfahrene Situationen – und das löst neue Zweifel aus.

Immer glauben wir, es könnte noch etwas Besseres geben als das, was wir selbst sind: einen besseren Menschen in uns, einen besseren Beruf, eine bessere Wohnung, einen besseren Partner, eine bessere Entscheidung. Immer auf der Suche, selten auf dem Weg, praktisch nie ein Ziel vor Augen.

Wir sehnen uns nach Geborgenheit, aber die Selbstzweifel, diese Unfähigkeit, Ja zu unserem SELBST zu sagen, lassen dies nicht zu. Weil wir nicht Ja sagen können, müssen wir dies bei anderen überbetonen durch Idealisierung. Ist es nicht gut, Ideale zu haben? Was verbirgt sich eigentlich dahinter? Wir idealisieren das, was wir protestieren. Mit den Idealisierungen verdrängen wir unsere Proteste. Oft erleben wir, daß Mutter idealisiert wird oder Familie. Denken wir nur an die Idealisierung der Familie im 3. Reich.

Je größer die Ideale, die wir ja eigentlich gar nicht verwirklichen wollen, desto weniger sagen wir JA zu unserer eigenen Persönlichkeit. Da wir nicht zu ihr stehen können, sind wir leicht beeinflußbar und zwar in der Nachahmung von Gesten, Gebärden und Gedanken. Die Übernahme solcher Gesten und auch Redewendungen kommt aus dem Bedürfnis heraus, sich mit einer stärkeren Persönlichkeit zu identifizieren, da uns die Identifikation mit Gott nicht möglich scheint.

Wir fühlen uns von Gott isoliert und haben trotzdem die große Sehnsucht, mit allem eins zu sein. Wieder dieser Zwiespalt, denn ohne Gottidentifikation ist ein Gefühl des Einsseins nicht möglich. Statt dessen kennen wir das Gefühl von Einsamkeit, das wir nur schwer ertragen können; denn alleine fühlen wir uns wieder getrennt. Andererseits gibt es auch das Gefühl, sich unter vielen Menschen ganz verlassen vorzukommen. Eine einzige Selbstbejahung löst sofort unsere Gefühle von Trennung und Isolation auf. Selbsbejahung gibt auch Selbstsicherheit der eigenen Gefühle.

Die Menschen, die in der Lage sind, nach ihrem Gefühl zu handeln, ihren Gefühlen zu vertrauen, ihre Entscheidungen gefühlsmäßig zu treffen, diese Menschen sind den rein vernunftsmäßig entscheidenden Menschen weit überlegen. Gefühl ist eine wichtige Form, in der sich Intuition ausdrückt. Daß wir unseren Gefühlen meist mißtrauen, erkennen wir an Situationen, wo sich hinterher herausgestellt hat, daß wir mit unserem Gefühl doch recht hatten, aber durch die vielen Wenn-und-Aber des Verstandes eine für uns nicht relevante Entscheidung getroffen haben. Gerade auf diese Diskrepanz sollten wir achten.

Intuition ist der allererste, sehr leise Impuls in uns. Kommen wir aus unserer Ruhelosigkeit heraus, können wir frei wahrnehmen und das Gefühl der Geborgenheit stellt sich ein.

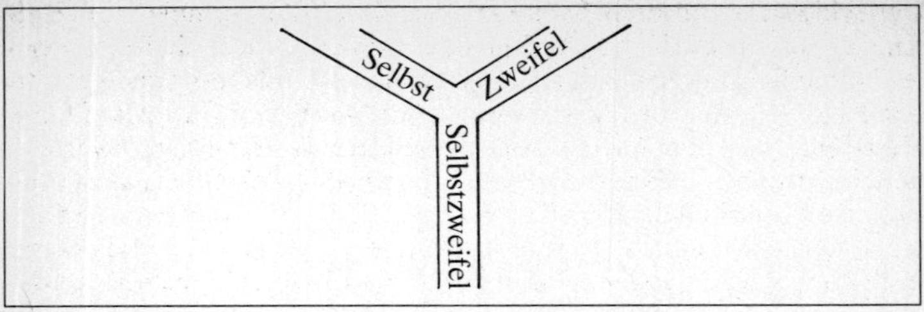

Abb.: Selbstzweifel

Wir stehen am Scheideweg,den Zweifel zu duplizieren und uns für unser SELBSTzu entscheiden. Dann sind wir bereit, für uns selbst Verantwortung zu übernehmen, das heißt Verantwortung für unsere Entscheidungen. Wie aber erkennen wir Entscheidungen, die übereinstimmen mit dem göttlichen Willen? Leben wir in einer richtigen Entscheidung, haben wir viel Lebensfreude und Energie, leben wir in einer falschen, fühlen wir uns erschöpft und depressiv. Depressionen sind also Entscheidungen gegen unsere Seele. Treffen wir eine Entscheidung für das Gute, kehrt die Heiterkeit sofort zurück.

Der Körper-Auslöser ist die Wirbelsäule, das Rückenmark. Sie ist Sinnbild unseres SELBSTES mit ihrem Selbstbewußtsein, das heißt: Je schwerer wir an unserem eigenen „Kreuz" tragen, je mehr es schmerzt, desto weniger Selbstbewußtsein ist vorhanden. Das zeigt sich auch an der Haltung. Der Übergang der Brust- in die Lendenwirbelsäule ist das „Vertikal-Kreuz" unserer *Seins*-Programme.

> „Ich darf nicht sein."
> „Ich kann nicht sein."
> „Ich will nicht sein."

Die Halswirbel schaffen die Verbindung zwischen Geist und Seele, Geist und Körper, Geist und Sexualität, Geist und Unterbewußtsein. Welche zentrale Bedeutung die Wirbelsäule hat, zeigt die energetische Verbindung der Segmente zu allen Organen. Die Wirbelsäule ist analog die Vertikale. Je mehr auf der Ebene der Vertikalen gelöst und dupliziert wird, desto mehr schwinden die Zweifel, desto weniger brauchen wir uns mit Zwei-feln, mit Zweideutigkeiten der Polarität oder Dualität zu beladen. Das wirkt sich direkt auf das physische Kreuz aus.

Der Schlüssel zu unserem Schicksal, das wir selbst bestimmen sind Entscheidungen für die Vertikale. Selbstbestimmung macht die Reife unserer Persönlichkeit aus. Mit Güte verbinden wir alle möglichen positiven Eigenschaften des Menschen. Voller Verehrung sind wir für die Menschen, von denen wir sagen können, das ist ein gütiger Mensch. Leben wir selbst in dieser Güte, leben wir in der Gewißheit: alles, was wir jetzt zu erleben haben, ist gut und wir sind sicher, daß wir den Sinn erkennen oder einfach akzeptieren können. Das macht aus uns eine strahlende Persönlichkeit. Das bringt uns in Einheit und befreit uns davon, ständig das betonen zu müssen und danach zu streben, wovon wir uns bisher getrennt glaubten.

Sind wir in Einheit, sind wir es mit unserem SELBST;
Sind wir in Einheit, sind wir es mit unserer Persönlichkeit;
Sind wir in Einheit, sind wir es mit der Realität;
Sind wir in Einheit, sind wir es mit dem Guten.

TYPOGRAMM der 10. Gruppe:

Selbstvollkommenheit – damit ich heil werde

	Aggressionen	–	**Treue**	**Gehirn, Muskeln**
	(Ursache)	–	(Essenz)	(Körperbezug)
1. Kompensation:	Autoaggression	–	Selbstvollkommenheit	**Mullein**
2. Identifikation:	Emotionalität	–	Wahrnehmung	**Deer Brush**
3. Aufbesserung:	Perfektionismus	–	Natürlichkeit	**Indian Paintbrush**
4. Umkehrung:	Eifersucht	–	Sexualität	**Blackberry**
5. Projektion:	Fremdgehen	–	Selbstbildnis	**Tiger Lily**
6. Verdrängung:	Gott-Leid	–	Fülle	**Mountain Pride**

Die Vollkommenheit Gottes scheint uns unerreichbar, daher ist auch unsere eigene Selbstvollkommenheit in diesem physischen Körper in weite Ferne gerückt und erscheint uns praktisch unmöglich. Wir können jedoch einen aktiven Beitrag dazu leisten durch das Duplizieren. Das Duplizieren ist ein Bewußtseinsprozeß des bewußten Akzeptierens auf den verschiedenen Ebenen.

Wir haben uns beispielsweise in den Finger geschnitten. Wir protestieren und schimpfen dagegen. Ärger kommt hoch. Je mehr Aggressionen frei werden, desto größer der Schmerz, je stärker auch das Bluten der Wunde. Duplizieren wir dagegen das Geschehen, das heißt, wir wiederholen den Vorgang des In-den-Finger-Schneidens noch einmal bewußt, dann vollziehen wir den Prozeß des Akzeptierens: Wir nehmen das Messer und während wir die Bewegung des Schneidens wenige Millimeter über dem verletzten Finger nochmals ausführen, vollziehen wir den Vorgang geistig nach. „So habe ich mich geschnitten." Die Wunde hört schnell auf zu bluten und Narben bleiben kaum zurück. Bei Verbrennungen gibt es keine Brandblasen, ein Hexenschuß verschwindet sofort und unfallbedingte Verletzungen heilen in kürzerer Zeit ab. Die Verwunderung und die anschließende Freude sind meist gleich groß.

Kleinkinder sind sehr herzig im Anwenden dieses „Nochmal!" und lernen dadurch sehr früh für ihre Handlungen Selbstverantwortung zu übernehmen. Es können auch lang zurückliegende Ereignisse dupliziert werden, denn ein chronischer Schmerz zeigt an, daß wir nicht akzeptiert haben und am Protest festhalten. Auf diese Art und Weise werden viele blockierte Energien freigesetzt und nutzbar gemacht für die Aufgaben der Gegenwart.

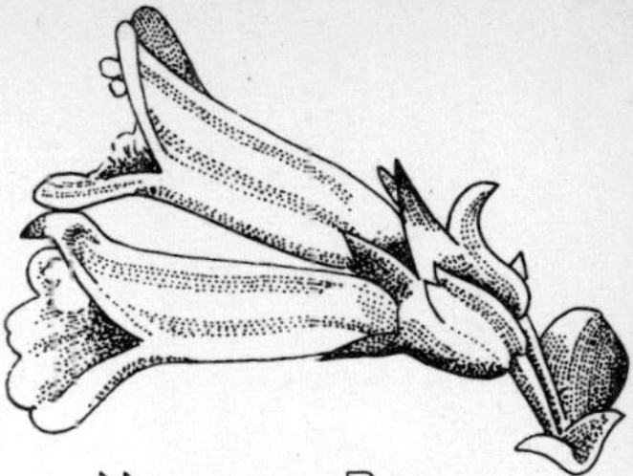

Mountain Pride

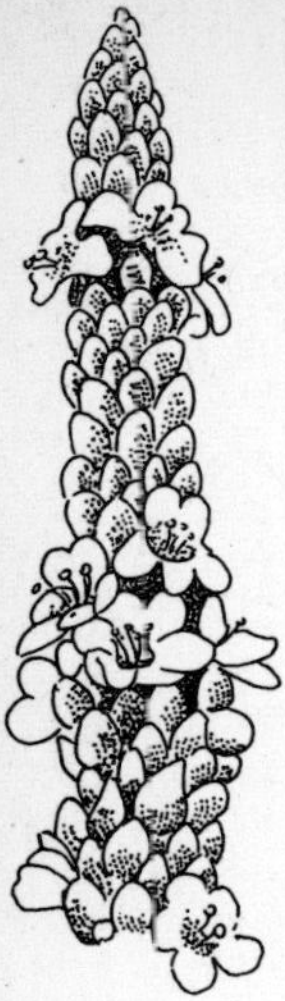

Mullein

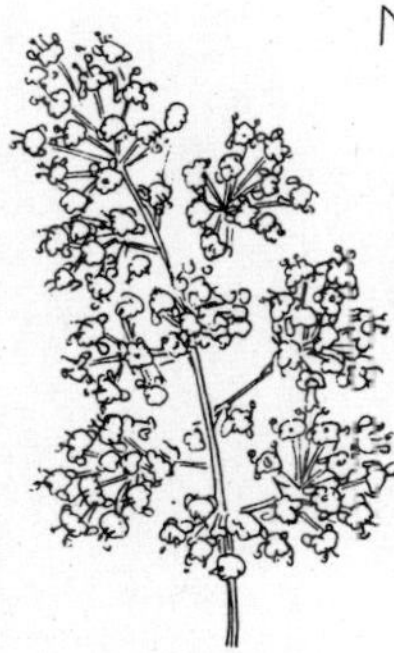

Deer Brush

Blackberry

Tiger Lily

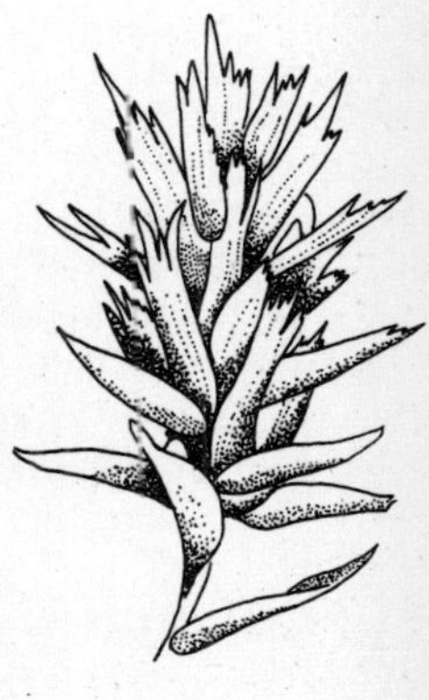

Indian Paintbrush

Erkältungskrankheiten drücken zum Beispiel einen Konflikt mit einer bestimmten Person aus. Machen wir uns den Konflikt mit der auslösenden Person bewußt, ist er damit dupliziert und die „Grippe" klingt sofort ab. Sind während des Tages Disharmonien mit Mitmenschen aufgetreten, die wir nicht sofort lösen konnten, so machen wir uns während unserer Abend-Meditation dieses Konfliktes bewußt und duplizieren ihn somit. Duplizieren schafft Harmonie, baut die aggressiven Emotionen ab, bringt Selbstzentrierung ohne Selbstbezogenheit. Unser Selbstbildnis verändert sich zur Vollkommenheit.

Auf der seelischen Ebene geschieht das Duplizieren oft unbewußt, d.h. wir begeben uns in eine Situation, die uns unsere seelischen Verspannungen dupliziert. Ich erlebte ein Kleinkind, das durch einen Auslöser sehr aggressiv schrie. Durch einen „Zufall" wurde das Radio eingeschaltet und es ertönte sehr dissonante Musik. Das Kind wurde augenblicklich andächtig und still. Bei Jugendlichen in der Disco geschieht ähnliches.

Allein ein Erkenntnisprozeß mit Duplizieren der Ursachen führt oft zur Heilung. Einem Mann beispielsweise, der seit Jahren an unerklärlichen Fieberschüben litt, konnte dadurch geholfen werden, daß bei einer seelischen Analyse eine Geburtsinfektion der Mutter dupliziert wurde. Bei dem Mann wurde im Alter von 30 Jahren durch den Auslöser „Eifersucht" diese Erkrankung aktiviert.

Daß der Vorgang des Duplizierens so heilsam ist, hat etwas mit der Treue zu uns selbst zu tun, mit unserem Glauben an die Vollkommenheit und an die Fülle Gottes. Viele Menschen haben schon über das Erlebnis des Duplizierens zum Glauben gefunden.

Eine sehr tiefe Ursache, die uns am Glauben hindert, sind unsere Autoaggressionen. Sie drücken sich aus durch unsere starke Emotionalität. Aggressionen können sehr offen und direkt sein, bis zur Gewaltanwendung. Kompensiert und kaum erkennbar als Aggression zeigt sie sich auch in unserem Drang zum Perfektionismus.

Ein kosmische Gesetz heißt: „Jede Vorderseite ist genauso groß wie die Rückseite" – auch wenn wir diese nicht sehen können. Das hilft uns, mit Aggressionen umzugehen. Unsere Bewertungen von gut und schlecht, von positiv und negativ lassen uns in Emotionen geraten. In diesem Moment des Nicht-in-der-Gegenwart-Seins fehlt uns das emotionsfreie Betrachten der Rückseite. Die scheinbar negative Vorderseite, das Erleben in der Realität kommt unbewußt auf uns zu, während die Rückseite die einer bewußten Betrachtungsweise unterzogen werden müßte, nicht beachtet wird. Dadurch gerät unser Selbstbildnis ins Wanken.

Werden wir zum Beispiel gekündigt und glauben in die Angst der Arbeitslosigkeit zurückzufallen, polen wir uns um, sehen die Rückseite und sind gewiß, daß Gott für uns einen anderen, besseren Plan vorhat und uns einen Platz zuweist, an dem wir uns mehr verwirklichen können. Wir erkennen also die Vor- und Rückseite und integrieren sie zu einem schöpferischen Tun. Mit der Wende: „Was ist gut daran?" wird auch das kosmische Gesetz erfüllt: „Akzeptiere einen Zustand, sonst kann er sich nicht ändern." Damit treten wir aus der Emotionalität heraus und können die Gegenwart wieder wahrnehmen. Durch besseres Wahrnehmen gelangen wir zu höherem Bewußtsein.

Zu akzeptieren sind zuerst einmal unsere unbewußten Glaubensgrundsätze. Gerade auch das Duplizieren unseres Gott-Bildes verändert unser Bewußtsein sehr. Erweitern wir dadurch unser Selbstbildnis, dann hört unser Leiden auf. Wir glaubten, daß Leid gottgewollt ist. Und doch wünschen wir uns von anderen Menschen nichts sehnlicher, daß sie uns so lieben wie wir sind – weil wir es selbst nicht können. Unsere mangelnde Selbstliebe führt zur Autoaggression – einem chronischen Leidzustand. Die unterdrückte Autoaggression innen entspricht der Depression außen. Depressionen sind die Tränen der Seele für ihr verlorengegangenes Potential, für ihren Raum, den sie nicht mehr einnehmen kann.

So entsteht ein Kreislauf: Er besteht darin, daß das Leid als eine Bevorzugung Gottes verstanden wird. Durch Krankheit wird bewußt an dieser Bevorzugung festgehalten. Die Treue zu Gott drückt sich in der Treue zur Krankheit aus. Das sind Paradoxien in uns, aufgrund eines aggressiven Gottbildnisses. Da uns Gott nicht vollkommen erscheint, wie sollten wir da an Selbstvollkommenheit glauben? Dieser Mangel läßt „die Fülle" auf vielen Ebenen nicht zu. Nicht nur das. Alleine die Fülle wahrzunehmen, macht uns aggressiv gegen uns selbst. Wir können das Gute, die göttliche Fülle, nicht annehmen, sondern müssen sie durch unseren Willen verändern, „aufbessern".

Durch das andauernde Aufbessern sind wir nicht mehr am kosmischen Strom angeschlossen, sondern laufen sozusagen auf Notstromaggregat. Wir bessern es auf, da es uns nicht gut genug erscheint, es noch nicht perfekt ist. Nichts ist natürlich gut, sondern erst, wenn wir es mit unserem Willen so geformt haben, daß es in unser Erscheinungsbild paßt. Auch wenn dadurch Mangel statt Fülle herrscht, unter dem wir dann leiden. Daß wir dabei unsere Natürlichkeit verlieren, fällt meistens nur den anderen auf. Perfektionisten verweigern also die Fülle und geben sich mit einem scheinbar „perfekten" Detail zufrieden. Nur ihre Aggressionen verraten, daß sie darunter leiden, von dem „Ganzen", vom kosmischen Strom ausgeschlossen zu sein.

Dieses „Aufbessern" ist so verbreitet wie das Verdrängen und Kompensieren und läuft ebenso unbewußt ab. Wir können uns alle mit dem Wunsch nach Veränderung identifizieren. Wer kann schon sagen: So wie es ist, ist es gut, so ist es göttlich? Mit dieser Wahrnehmung jedoch hört alle Emotionalität auf, und es gibt keine Voraussetzungen mehr für neue unbewußte Programme. Damit wären wir uns selbst treu und bräuchten nicht mehr an der eigenen Unvollkommenheit zu leiden – und an der Unvollkommenheit der Welt.

Natürlich ist Treue auch auf der ganz normalen Partnerschafts-Ebene gemeint. Ein altmodischer Gedanke, der jedoch sehr spirituell ist. Die Verbreitung der AIDS-Krankheit zeigt uns dies sehr deutlich. Unser Selbstbildnis wird sehr geprägt von Energien, die von der Sexualität ausgehen. Zum Beispiel unsere Einstellung zum Fremdgehen. Dies verletzt die Treue zu uns selbst, die Selbstachtung sinkt und die Kausalitäts-Spirale geht abwärts. Es verletzt aber auch die Selbstwürde des Partners. Es löst auch unbewußte Schuldgefühle aus, die uns an der Entwicklung zur Selbstvollkommenheit hindern. Wir haben die Freiheit zur Entscheidung! Klarheit zwischen den Partnern verhilft zu größerer Natürlichkeit. Wie oft können wir die Erfahrung machen, daß Menschen unbewußt der Sexualität den Stempel „böse" aufdrücken. Daher der Lebenskonflikt Sexualität. Freud hat ihm große Bedeutung zugemessen ohne an eine solch umfassende allgemeine Projektion zu denken. Der Unterleib wird allgemein als das Unbewußte angesehen und das Unbewußte ist solange nicht gesellschaftsfähig, wie es als „das Böse" tituliert wird. Denken wir an die Diskriminierungen der schwangeren Frau, denen sie jahrhundertelang ausgesetzt war.

Der Körper-Auslöser ist das Gehirn und es ist sicherlich interessant, daß gerade bei Menschen mit starker Migräne dieser „Stempel" vorhanden ist – auch dann, wenn bewußt eine positive Einstellung zur Sexualität existiert. Wir ziehen gerade das an, was wir protestieren! So werden viele Wochenend-Migränen verständlich, da die Migräne die intime Zweisamkeit verhindert. Oder Migräne ist Auslöser bei unterbewußtem, aber verbotenem sexuellen Begehren. Viele enthalten sich lieber der Sexualität, als daß sie scheinbar „Böses" tun.

Das verlorene Seelenpotential findet seine Entsprechung in der Einschränkung der Gehirnfunktionen. Es baut sich eine chronische Gehirnbefehlssituation auf, die sich in Antriebsschwäche, Energielosigkeit und Mangel an Lebensfreude äußert. Viele Krankheiten sind auf Fehlsteuerungen des Gehirns zurückzuführen, insbesondere Krebs. Auch der Wunsch nach immer „mehr" Nahrung, speziell nach Süßem, kommt aus der Gehirnzentrale, die hier allerdings geistigen Mangel meldet und diesen physisch kompensieren möchte.

Zum Körper-Auslöser gehören auch die Muskeln. Daß unsere Muskeln sich verspannen und verhärten durch Aggressionen, ist offensichtlich. Eine starke Muskulatur bauen wir dann auf, wenn wir meinen, das Verletzliche, das Weiche und Zarte in uns schützen zu müssen. Vor allem männliche Jugendliche möchten ihre seelische Seite nicht zeigen und setzen sich dann handgreiflich auseinander. Zu schwache Muskulatur zeigt an, daß wir lieber in die Opferrolle schlüpfen und die Leidensrolle übernehmen.

Aggressionen verändern den Schaltplan des Gehirns, die Neurotransmitter – die Botenstoffe – geraten aus dem Gleichgewicht und beeinflussen ihrerseits wiederum das gesamte Hormongeschehen.

Diese „Stempel" kommen aus der Vergangenheit. Um in die Gegenwart zu kommen, können wir eine sogenannte „Atmungs-Energie-Schleife" anwenden. Diese stellt eine weitere Form des Duplizierens dar. Sie bringt unsere Energien wieder zum Fließen. Über den Atem verbinden wir uns bewußt mit einem Menschen. Ich bezeichne dies als „Schleife", weil über die kosmische Acht zwei Menschen verbunden werden, sozusagen ein Gebender und ein Nehmender.

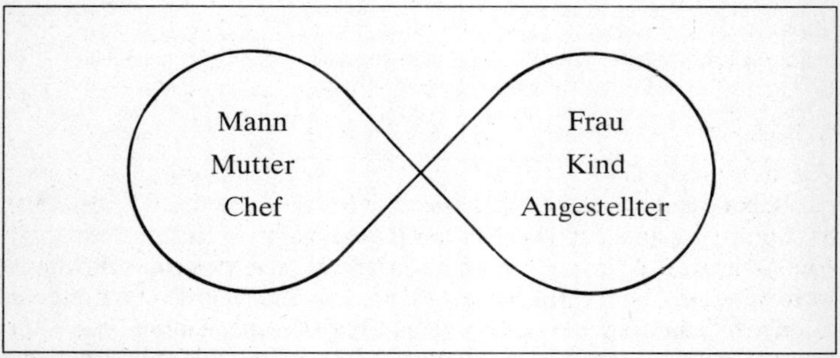

Abb.: Kosmische Acht

Wir schließen beim Duplizieren dabei beide die Augen. Der Gebende stellt sich die Kosmische Acht vor, wie sie beide Herzchakren verbindet und atmet nun positive Gedanken aus und wieder ein; wie zum Beispiel: „Ich atme göttliche Harmonie ein und atme geistige Energie aus – du atmest geistige Energie ein und atmest göttliche Harmonie aus." Bei einem kranken Menschen können wir atmen: „Ich atme göttliche Gnade ein und atme göttliche Heilung aus – du atmest göttliche Heilung ein und atmest göttliche Gnade aus." Sind wir in einem Streit und in Gefühle der Ablehnung verwickelt, können wir die Energie-Schleife Vergebung – göttliche Liebe atmen.

Die Energieübungen können wir auch in Meditationen machen, wenn die Anwesenheit des Nehmenden nicht möglich ist. Wir tun dies in aller Stille – ohne darüber zu sprechen und schauen zu, wie sich die Realität verändert. Diese „Atmungs-Energie-Schleife" ist deshalb so wirksam, weil der Atem nicht nur jede Körperzelle mit Sauerstoff versorgt, sondern auch mit „geistiger Nahrung". Erkenne ich den wahren Konflikt mit einem Menschen, ist das Problem auf diese Weise nicht nur dupliziert, sondern der Mensch ist mit seinem Göttlichen verbunden.

TYPOGRAMM der 11. Gruppe:

Vorbildsein – damit ich Sprachbewußtsein entwickle.

	Erniedrigung		Selbstwert	Stoffwechsel
	(Ursache)	–	(Essenz)	(Körperbezug)
1. Kompensation:	Selbsterniedrigung	–	Selbsteinschätzung	**Mount. Pennyroyal**
2. Identifikation:	Unmenschlichkeit	–	Göttlichkeit d. Menschen	**Nasturtium**
3. Aufbesserung:	Verleumdung	–	Aufrichtigkeit	**Chamomile**
4. Umkehrung:	Zwangsherrschaft	–	Selbstachtung	**Goldenrod**
5. Projektion:	Spiegelbild	–	Vorbild	**Borage**
6. Verdrängung:	Gott-Sühne	–	Selbst-Sein	**Lavender**

Unser Sprachausdruck trägt ganz wesentlich dazu bei, höheres Bewußtsein zu erlangen. Das Sprach-Bewußtsein vermittelt dem Menschen seinen Selbstwert der Mensch verrät sich unterbewußt durch seine Sprechweise. Verbalisierte Gedanken machen unsere Sprache aus. Das „babylonische" Sprachgewirr zeigt sich noch heute in den unzähligen Weltsprachen und ihren regionalen Dialekten. Jeder Sprache liegt eine grundlegende individuelle Gedankenstruktur zugrunde. So

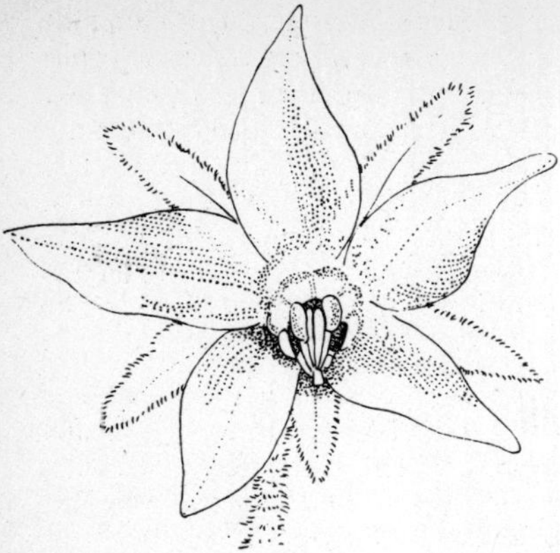

Borage

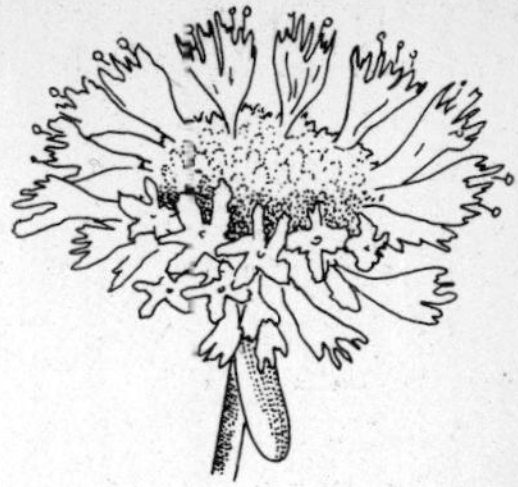

Mountain Pennyroyal

Chamomile

Lavender

Goldenrod

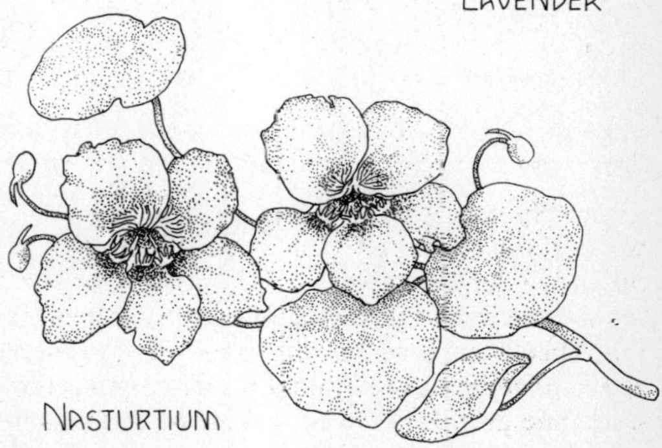

Nasturtium

denkt und fühlt zum Beispiel das deutsche Volk anders als das italienische. Ein Volk formt sich durch seine Sprache. Da sich jedes Volk weiterentwickelt, verändert sich auch seine Sprache – ein lebendiges Werkzeug der Seele.

Der Geist formt den Gedanken, jedoch wird die Anwendung des Sprachausdrucks durch die Seele bestimmt. Es ist das „Wie“, ob ich liebevoll etwas sage, schimpfe oder die Sprache demagogisch einsetze. Worte besitzen eine große Macht, da sie weit ausstrahlen bis in die Unendlichkeit. Und wie wir selbst mit dem gesprochenen Wort umgehen, macht unsere eigene persönliche Ausstrahlung aus.

Worte üben großen Einfluß aus. Ob ich etwas nur lese oder ob ein Redner den gleichen Gedanken vorträgt, ist ein ungleich anderes Ereignis. Gute Redner haben immer schon eine große Faszination ausgeübt. Hier setzt unser eigenes Bewußtsein ein, um zu unterscheiden, ob ein Redner aufrichtig sein Selbst darstellt oder sich und das Göttliche des Menschen verleugnet. Denn gute Redner sind nicht immer identisch mit reiner Seele.

Da wir uns im allgemeinen so sehr in den menschlichen Schwächen spiegeln, sind wir fasziniert von einer kraftvollen Rede, die uns Vorbilder aufzeigt. Durch unsere geringe Selbsteinschätzung projizieren wir Vorbilder lieber auf die anderen. Je unbewußter wir leben, desto weniger Sprachbewußtsein haben wir entwickelt. Die Sprache aber konfrontiert den Menschen auch mit seinem Unbewußten. Bewußtes von Unbewußtem im Gespräch zu unterscheiden, ist lernbar.

Unsere Sprache ist meist so negativ geprägt, daß sogar noch das Gute in der Verneinung ausgedrückt wird. Auf die Frage: „Wie gehts?“ hören wir uns oft sagen: „Danke, nicht schlecht“. Jedes Wort hat seine individuelle Schwingung und wir können die energetische Wirkung eines Wortes spüren.

Worte des Nicht-Vergessen-Könnens, des Nachtragens, des Mißmutes, des Opponierens, des Ärgers ermüden uns, machen uns selbst niedergeschlagen und drücken unsere mangelnde Selbstachtung aus. Positive und liebevoll schwingende Worte machen uns fröhlich und heiter, durch das Betonen des Guten im Menschen.

Die schönsten Worte, saft- und kraftlos gesprochen, bewirken kaum etwas. Eine monotone Stimme ohne Engagement löst Gleichgültigkeit und Langeweile aus. Zur Modulation des Wortes kommt dann noch die Lautstärke hinzu. Ein Schimpfen wäre lange nicht so verletzend und erniedrigend, wenn es nicht einherginge mit lauter und meist höherer Frequenz. Wie wohltuend ist doch für unsere Seele und unser Gemüt eine sanfte, wohlklingende Stimme.

Sprache ist ein mächtiges Handwerkszeug, um sich Autorität zu verschaffen. Mißverstandene Autorität baut mit Worten eine Zwangsherrschaft auf. Nichts kann so unmenschlich, so erniedrigend und so verleumderisch sein wie der Mißbrauch von Wörtern.

Alleine das Schlecht-über-den-anderen-reden erniedrigt Menschen und löst in ihm Energielosigkeit aus, die seelische und physische Abwehrkraft wird unterdrückt und wir werden krank auf ganz subtiler Ebene – im Stoffwechselbereich. Die Bestandteile der Nahrungsmittel – Kohlenhydrate, Fett und Eiweiß – können nicht richtig abgebaut und nur unvollständig im Körper verwertet werden. Die unverdauten Abfallprodukte gehen ins Blut, in unseren Lebenssaft. Das Blut verhält sich zu unserem Organismus so, wie wir uns den Mitmenschen gegenüber verhalten. Kann es sich dem System „Körper" nicht einordnen, läßt es sich mit Schlacken beladen. Es trägt schwer an den Krankheitsinformationen des Körpers, denn sie sind alle in jedem Blutstropfen gespeichert, nachweisbar mit dem Aschoff-Test.

Denn Nahrung ist Information und so wird im Stoffwechselbereich der Informationsaustausch gestört. Die fremde Nahrung wird als Fremdkörper empfunden und es fehlt der Assimilations-, der Anpassungsvorgang an die eigene Frequenz. Daraus können auch Allergien entstehen. Im Wort Allergie steckt das Wort „All", das heißt, wir sind von den Energien des Alls abgeschnitten – durch Erniedrigung und Selbsterniedrigung.

Ein chinesisches Sprichwort sagt: „Lache, bevor du einen Grund hast, sonst wirst du nie lachen!" Wenn wir sehr krank sind, sollten wir unsere Heilung bereits vorwegnehmen, damit sich die Gesundheit auch verwirklichen kann. So verhindern wir auch, daß wir das Bedürfnis haben, dauernd über unsere Krankheiten zu reden und sie damit aufrechtzuerhalten.

Unsere Sprache gleicht einem Schlachtfeld der Erniedrigung. Durch Bewertungen und Verurteilungen fühlen wir uns „klein gemacht". Wenn wir dieses Gefühl haben, dann schauen wir auf unsere eigene Sprache, wie wir über uns selbst sprechen, wie wir uns sprachlich darstellen:

„Das kann ich sowieso nicht ...", „Ich bin zu dumm für ... .. zu dick ..

zu alt", „Ich konnte noch nie ...", „Das schaffe ich nicht", „Jeder trampelt auf mir rum", „Bei meiner Schulbildung..", „Andere sagen, ich sei zu ...". Das ist unser tägliches Sprach-Brot. Oh Herr, führe uns in der Versuchung könnte man ableitend sagen zum Vaterunser!

Denn das, was wir über uns selbst aussprechen, nimmt der Mitmensch als Signal der Selbsteinschätzung wahr und übernimmt es als gegebene Realität, das sein Verhalten zu uns ausmacht. Ein unbewußtes Spiel „gesendeter" und „empfangener" Signale. Wir halten uns gegenseitig den Spiegel hin und machen uns dadurch abhängig voneinander. Die Spirale dreht sich nach unten.

Es ist bemerkenswert, wie Menschlichsein mit Schwäche identifiziert wird. Passiert uns ein Mißgeschick, wird zu uns gesagt, das sei ja menschlich – gemeint wird jedoch, daß wir versagt haben. Sprache äußert sich in Form von Kommunikation. An der Art meiner Kommunikation kann ich das Verhältnis zu meiner Seele ablesen: Die chronischen Zyniker, Meckerer und Nörgler verleugnen ihre Seele. Personen mit Sprachschwierigkeiten unterdrücken ihre Seele. Leise Sprechende schämen sich ihrer Seele. Lassen wir den anderen nicht ausreden, kommt auch unsere eigene Seele nicht zu Wort. Müssen wir unaufhörlich reden, drückt sich Existenz-Angst unserer Seele aus. Eine dauernd zu hohe Stimmlage ist Ausdruck einer selbsterniedrigenden Seele.

Wir haben also – man könnte sagen – moralische Verpflichtungen der Sprache gegenüber, denn sie meint immer einen Menschen. Es gilt, negative Gedanken und Wort beherrschen zu lernen, das heißt, Herr zu werden über das gesprochene Wort. Gedanken des Mißtrauens, des Zweifels, der Furcht, des Undanks, des Selbstbedauerns, der verletzten Gefühle, der Ungeduld, des Neides, der Eifersucht, der Selbstverdammung, der Rache, der Ungerechtigkeit, um zu einem neuen Selbstwertgefühl zu finden.

Sprache ist Selbstdarstellung. Da es uns meist an Selbstwert mangelt, erleben wir eine chronische Selbsterniedrigung durch die Sprache mit Worten wie „Wahnsinn",„Irre", „Toll". Sie werden insbesondere dazu benutzt, um etwas ganz besonders Gutes auszudrücken. Die Umkehrung der Werte par excellance. Die Schwingung des Wortes selbst kann allerdings durch eine Sinnverschiebung nicht verändert werden. Sie sind so Mode geworden, daß sie bereits ins Unbewußte eingegangen sind und von einem selbst nicht mehr wahrgenommen werden.

Machen wir dem anderen bewußt, was er gerade gesagt hat, bekommen wir oft zu hören: „Das glaube ich nicht, das habe ich niemals gesagt." Können wir sagen: „Danke, daß Du mich darauf aufmerksam gemacht hast", haben wir den ersten Schritt in Richtung „bewußte Wahrnehmung der Sprache" getan. Können wir es von dem anderen nicht annehmen, sind wir auch nicht in der Lage, uns selbst „anzuhören". Sich selbst wahrzunehmen ist um ein Vielfaches schwieriger und setzt ein noch höheres Bewußtsein voraus.

Kinder sind besonders empfänglich für diese Spiegelbilder der Sprache. Die gut gemeinte Mahnung der Eltern, wie z.B.: „Vorsicht, schneide Dir nicht in den Finger", werden vom Kind als positiv signalisiertes Bild aufgefaßt und die Voraussetzung, daß das Kind sich wirklich schneidet, ist damit gegeben.

Wie kommt das? Wir setzen Bilder mit viel Energie und das Bild von „In-den-Finger-schneiden" hat um ein vielfaches mehr Kraft als das kleine Wörtchen „nicht". „Nicht" ist ein Gedanke, aber kein Bild; Bilder aber haben die größere Fähigkeit der Verwirklichung. Daher bewirken alle unsere Aussprüche wie „Ich bin doch nicht so blöd" oder „so arm bin ich auch nicht" genau das, wovor wir Angst haben, daß es so sein könnte.

Wenn wir also von uns schlecht reden, sind wir da nicht demoralisiert? Mit jeder Wiederholung trauen wir uns dann noch weniger zu. Mit jeder weiteren Selbsterniedrigung halten wir den anderen einen immer trüber werdenden Spiegel vor. Wir sind weder aufrichtig mit uns selbst, noch mit den anderen. Wir bringen uns damit in eine Spirale der Verleumdung.

Setzen wir unsere Sprache bewußt ein! Das macht uns unabhängiger und menschlicher, das heißt göttlicher. Eine Aufgabe speziell für Journalisten. Das Spiegelbild durch die Presse vermittelt, entspricht wohl eher der Unmenschlichkeit – es zeigt aber unsere Selbsteinschätzung. Warum haben wir eine so geringe Selbsteinschätzung? Warum haben wir unsere Zuversicht verloren, daß die Zwangsherrschaft – die jeder von uns anders erlebt – einmal unserem Selbst-Sein weicht? Immer wieder diese Sehnsucht danach und gleichzeitig unsere Unfähigkeit.

Die Antwort: Wir leben in der Gottvorstellung, daß wir mit unserem Leben für etwas zu sühnen haben. Sühne ist verbunden mit dem Glaubensgrundsatz der Reinkarnation und aufgeladener karmischer Schuld, für die wir jetzt zu büßen haben. Oder wir haben zu büßen für eine Nationalschuld – ich erinnere mich an die Einrichtung der Kirche nach dem dem Krieg von der „Aktion Sühnezeichen". Oder wir haben zu sühnen für eine Gesamtschuld der Menschheit. Sühne zerstört das

Göttliche im Menschen, zerstört das SELBST, zerstört das SEIN und zerstört den Menschen durch Erniedrigung.

Das Loslassen der Kausalitäts-Spirale „Sühnen über Inkarnationen hinweg“ befreit zum göttlichen Selbst-Sein.

Gott ist Liebe.
Gott ist Gnade.
Gott ist Vergebung.

TYPOGRAMM der 12. Gruppe:

Schöpferischsein – damit ich lebendig bin

	Angst (Ursache)		**Liebe** (Essenz)	**Urogenitaltrakt** (Körperbezug)
1. Kompensation:	Todesangst	–	Selbstwürde	**Oregon Grape**
2. Identifikation:	Lebensangst	–	Gewißheit	**Red Clover**
3. Aufbesserung:	Zukunftsangst	–	Dankbarkeit	**Sunflower**
4. Umkehrung:	Bestrafungsangst	–	Wagemut	**Calendula**
5. Projektion:	Versagensangst	–	Vollendung	**Aloe Vera**
6. Verdrängung:	Gott-Strafe	–	Urvertrauen	**Trillium**

Die Voraussetzung für unser schöpferisches Sein ist Urvertrauen – Vertrauen auf das schöpferische geistige Potential in uns. Wir können geistig schöpferisch tätig sein und uns öffnen für das göttliche Bewußtsein, indem wir auf unseren Mitmenschen zugehen, ihm wohlwollend in die Augen schauen und dann – eher leise als laut – sagen: „Das Göttliche in mir grüßt das Göttliche in Dir.“ Das schafft Urvertrauen, denn vor nichts hat der Mensch so viel Angst wie vor „dem Menschen“. Bei jeder Begegnung können wir daran denken, diese Worte der Göttlichkeit in Gedanken zu sprechen. Jedem Menschen in diesem Bewußtsein zu begegnen, ganz gleich wo, ganz gleich wem, ganz gleich unter welchen Umständen, ganz gleich in welcher Verfassung wir sind oder der andere ist.

Das ist Schöpferischsein im göttlichen Sinne. Wir sind die Schöpfer unseres Bewußtseins, und wir können uns jederzeit dafür entscheiden, uns und andere glücklich zu machen. Alles wird dadurch mit unserem „göttlichen Hauch“ versehen. Das verstehe ich unter „beseeltes Bewußtsein“. Menschen mit diesem beseelten Bewußtsein haben eine

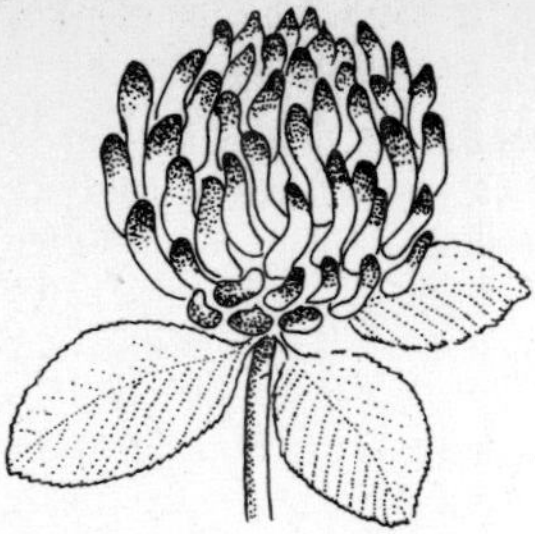

RED CLOVER

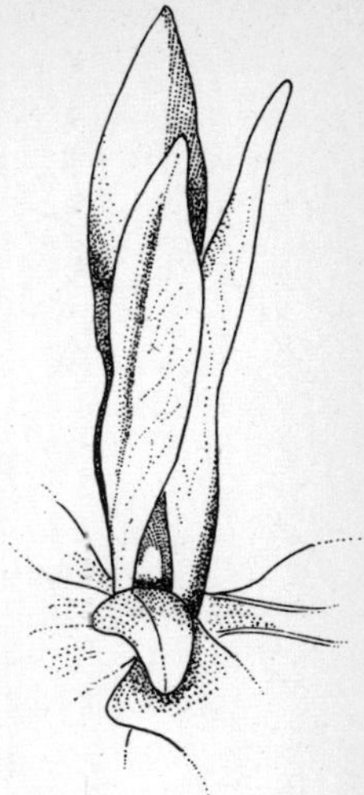

TRILLIUM

SUNFLOWER

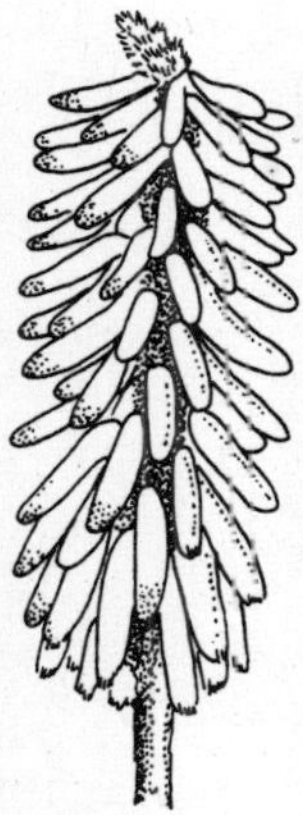

ALOE VERA

CALENDULA

OREGON GRAPE

spürbare magnetische Ausstrahlung, eine Anziehungskraft besonderer Art, denn im Magnetismus drückt sich die Kraft der Seele aus.

Eine Analogie für beseeltes Bewußtsein: Drei Männer sitzen am Straßenrand und klopfen Steine. Ein Passant geht vorbei und fragt: „Was tust du da?“ – „Das siehst du doch, du Trottel, ich klopfe Steine.“ Der zweite antwortet auf die gleiche Frage: „Ich sorge für meine Familie.“ Der dritte von ihnen aber antwortet: „Ich baue einen Dom.“ So wird das Leben zum schöpferischen Sein, zum beseelten Bewußtsein. Im persönlichen Leben sind es die sogenannten Handlungsabläufe, die zu beenden sind. Durch das Nicht-Beenden einer Entscheidung und dem Drang, ständig etwas Neues anfangen zu müssen, zersplittern wir uns, werden deshalb nervös, ängstlich und energielos. Bringen wir für das tägliche Leben keine Hochachtung, keine Würde auf, wie sollten wir diese dann für die große Lebensaufgabe aufbringen? Jeder Mensch hat seine Lebensaufgabe zu erfüllen, doch damit ist nicht gemeint, welchen Beruf wir ausüben, sondern in welchem Bewußtsein wir das tun, womit wir gerade beschäftigt sind.

„Die Kleinigkeiten bringen die Vollendung, die Vollendung ist keine Kleinigkeit.“

Es geht um nichts Geringeres, als unsere Vollendung zu erreichen. Erst sie bringt die Krönung unseres Werkes, wie Jesus es am Kreuz ausdrückte: „Es ist vollbracht.“ Jesus hat es vollbracht, Angst in Liebe zu transformieren. Er sagte „In der Welt habt ihr Angst, aber siehe, ich habe die Welt überwunden.“ Angst ist mangelndes Urvertrauen. Bei Kindern ist dieses Urvertrauen zu Gott noch sehr ausgeprägt und wird in der Bibel ausgedrückt durch: „Werdet wie die Kinder.“ Urvertrauen ist die Gewißheit der Vergebung und die Vollendung durch die Liebe.

Es mangelt uns an Urvertrauen, das heißt, wir verweigern die Vergebung Gottes. Wir halten lieber voller Angst fest und erwarten die Strafe Gottes. Voller Schuldgefühle und ohne Hoffnung auf Vergebung kommen wir oft auf die Welt und empfinden das Geborensein selbst schon als Strafe Gottes. Das ist das sogenannte Geburtstrauma, das Lebensangst auslöst.

Lebensangst entsteht durch den Glauben, daß es zu Gott eine Polarität gibt. Wird diese Angst auf die „geistige“ Welt übertragen, entsteht die Angst vor dem Strafgericht Gottes, vor dem „Jüngsten Gericht“. Angst ist eine so starke Emotion, daß daraus unbewußte Programme geformt werden wie: „Ich glaube an einen ungerechten, an einen bösen, an einen kriegerischen Gott“. Diese Programme bestimmen unsere Realität. Ändern wir unser Gottbewußtsein, das heißt, lassen wir los von der Vorstellung, daß es in der „höheren" Wirklichkeit eine Polarität gibt, dann sind wir frei von Zukunftsängsten und können in der göttlichen Gegenwart sagen: „Ich glaube an einen gerechten Gott, an einen gütigen Gott, an einen liebenden Gott."

Durch das erweiterte Bewußtsein, daß es weder Hölle noch Fegefeuer gibt, sind wir frei von allen Todesängsten. Das ermöglicht das Urvertrauen in die Liebe und in das Licht Gottes. Liebe ist die einzige Kraft, die Angst überwinden kann. Lieben wir unsere Seele und spüren, daß sie Teil der Weltseele ist, hört alle Angst auf – vor dem Tod, vor mir selbst, vor den Mitmenschen – und wir sind offen, ihnen liebend entgegenzukommen und Liebe von ihnen anzunehmen.

Welches Bewußtsein hilft uns noch, Todesangst zu überwinden? Sind wir uns bewußt, daß jeder Mensch seinen Schutzengel hat, der ganz allein dafür da ist, die Verbindung zur Seele nicht abreißen zu lassen und uns durch den Tod zu begleiten, dann können wir unsere Todesangst transformieren. Gewißheit ist die Stärke, die uns schwere Schicksalsschläge durchhalten läßt. Gewißheit ist das innere Vertrauen, um uns mit Selbstwürde zu unserem Glauben zu bekennen. Gewißheit ist eine Ebene der inneren Wirklichkeit, um ohne Ballast seinen Gott-Weg zu gehen.

Selbsterkenntnis ist Gotterkenntnis. Wir verbergen uns nicht mehr länger, sondern lassen unser Inneres nach Außen strahlen. Es ist wie ein Bekenntnis zu uns selbst. Ein Bekenntnis zu unserer individuellen Seele, von der alle „man"-Doktrinen abgefallen sind. Wir sind nicht länger Spielball von Vorstellungen, wie „man" zu sein hat, wie „man" zu leben hat, wie „man" zu denken hat.

Ehe wir jedoch zu dieser Gewißheit kommen, leben wir unsere Haben-Spirale *Angst*. Je mehr wir nach Außen leben in der Konsumgesellschaft, desto größer ist unsere Angst vor einer „Innenschau" und desto geringer ist unsere Selbstwürde. Der tägliche Lernprozeß, nach innen zu gehen, ist notwendig, um auch in Selbstwürde sterben zu können. Todesängste sind des Menschen genauso un-würdig wie die Lebensängste; sie „tasten unsere Würde an". Sie bedingen einander: je größer die Lebensangst, desto größer auch die Todesangst.

Der Körper-Auslöser ist der Urogenitaltrakt, das sind die Nieren mit den ableitenden Harnleitern und die Blase. Niere bedeutet in der Körpersprache Angst. Auch wenn nicht jeder eine medizinisch nachweisbare Nierenerkrankung hat oder hatte, so habe ich jedoch kaum einen

Menschen getroffen, der energetisch in den Nieren harmonisch war. Es gibt praktisch keine Menschen ohne Angst. Die Blase hat einen Bezug zur Seelenbindung. Blasenentzündungen zeigen uns an, daß wir unsere Seele an etwas oder an einen Menschen verloren haben, das unserer Selbstwürde nicht entspricht. Daher so viele Blasenentzündungen bei Partnerschaftskonflikten. Harnleiter stehen sinnbildlich für „Verbindungen". Da Nieren und Harnleiter oft zusammen erkranken, handelt es sich um angstbesetzte Verbindungen. Erkennen wir, welche Person oder welche Gedankenform die Erkrankung ausgelöst hat, sind wir wieder frei von dieser Angst. Angst ist immer die Abwesenheit von Liebe. Wir können diesen Menschen Gott zur Vergebung überantworten.

Schöpferisches Sein heißt, die Vergebung angenommen zu haben. Das läßt uns die vollendete Gegenwart erleben. Dann sind alle Versagensängste von uns abgefallen, und wir können es wagen zu lieben. Wenn wir bewußt lieben, dann können sich in uns neue Impulse entwickeln, die uns in Einklang mit unserem Schöpfer bringen. „Liebe Deinen Nächsten, wie Dich selbst" ist Ausdruck unserer Gottliebe. Öffnen wir uns für die Liebe zu uns selbst und zu den Mitmenschen, finden wir inneren Frieden.

Schöpferisches Sein heißt, die göttliche Gnade und Liebe angenommen zu haben. Schöpferisches Sein heißt auch, dankbar zu sein für die große Kraft der Liebe. Dankbarkeit ist eine Heilkraft auch für unseren physischen Körper. Anstelle zur Droge „Medikament" zu greifen, sagen wir stattdessen: Danke liebes Herz, daß du so unermüdlich für mich tätig bist; danke liebes Bein, daß du mich überall hinträgst; danke liebe Hand, daß ich durch dich meine Zärtlichkeit ausdrücken kann.

Dankbarkeit befreit uns von unserer Zukunftsangst. In Zeiten wirtschaftlicher Regression und Arbeitslosigkeit zeigt sich unsere Zukunftsangst ganz offen. Versteckt macht sie sich bemerkbar in unserem Bedürfnis, durch Hellseher, Kartenleger, Astrologen und andere die Zukunft erfahren zu wollen. Das Interesse für Okkultes steigt in Zeiten der Not sprunghaft an. Wir möchten den Mangel an innerer Gewißheit – daß wir von Gott richtig geführt werden – kompensieren durch Eingreifen von Menschen in unser Schicksal, von denen wir meinen, sie hätten einen „direkten Draht zum Kosmos". Das kostet uns wieder ein Stück Selbstwürde und noch mehr Urvertrauen geht verloren. Liebe ist die einzige Kraft im Universum, die diesen Kreislauf durchbrechen kann.

Da wir lieben nie gelernt haben, erwarten wir Liebe immer von anderen, – die sie auch nicht gelernt haben! Wie kommt es zu diesem Kreislauf? Es sind unsere unbewußten Programme: „Ich habe Liebe nicht verdient ...", oder „Liebe löst Schmerz aus ..." Liebe macht uns auch Angst – sie ist zu überwältigend, als daß wir sie annehmen könnten. Wir sehnen uns also nach dem, was wir am meisten fürchten. Gott-Vater, der Glauben und Gott-Mutter, die Erlösung sind nicht teilbar! Glaube ich nicht an die Liebe, bin ich unfähig, die Gnade anzunehmen, um durch Liebe erlöst zu werden. Liebe ist eben kein Tauschgeschäft.

Daraus ergeben sich wieder neue Programme, wie zum Beispiel: „Ein Kind erfüllt meine Sehnsucht ...". Welche Last liegt damit auf der Seele eines Kindes! Solche nicht zu erfüllenden Programme sind oft Ursache für die immer zunehmende Selbstzerstörung unter Kindern und Jugendlichen. Oder sie zerstören die Umwelt, weil sie die Erwartungshaltung nicht erfüllen können, denn ihre eigene Sehnsucht nach Liebe hat sich nicht erfüllt.

Jetzt geht es darum, den Kreislauf zu durchbrechen, denn Jesus sagt, es ist „Sein Wohlgefallen, daß wir alle an Seiner Schöpfung teilhaben". Wahre Liebe befreit, gleicht aus, harmonisiert. Liebe erweckt – Freude, die Lebensgeister, die Intuition. Liebe erneuert. Liebe bringt Leben hervor. Liebe vereint Geist und Seele. Liebe heilt den Körper. Liebe überwindet – Schmerz, Haß, Widerstand, Eigensinn, Eifersucht, Selbstsucht. Liebe ist der Grundbaustein unserer Schöpfung. Liebe läutert unsere Seele. Liebe reinigt unseren Körper. Liebe läßt den göttlichen Lebensstrom durch uns hindurchfließen und läßt uns ein Gefühl des Friedens geben.

Liebe befreit von falschen Vorstellungen und Glaubensgrundsätzen. Liebe befreit uns von falschem Begehren und von Charakterschwächen. Liebe verwandelt: Krankheit in Gesundheit, Depressionen in Lebensfreude, negative Gedanken in positive, Kritik in schöpferische Kreativität. Liebe verändert unsere Einstellung zum Mitmenschen, zu den Tagesproblemen, zur Welt; Liebe erfüllt unser inneres Selbst, unser Höheres Selbst. Liebe stillt unser Bedürfnis nach Geborgenheit, nach Mitmenschlichkeit. Liebe ist die Zärtlichkeit der Seele.

Einführung in die Kosmogramme

Die Symbolik der Filter

Früher bin ich davon ausgegangen, daß alles Unbewußte in Form von Programmen im Unterbewußtsein gespeichert sei und daß die uns unbewußt blockierenden „Programme" ein wesentlicher Faktor unserer *Haben*-Strukturen seien. Der Austausch von Programmen hat die blokkierte Energie wieder freigesetzt. Aufgrund meiner neuesten Erkenntnisse gibt es diese „Programm-Speicherungen" nicht. Jedenfalls nicht in uns, nicht in unserem Unbewußten und auch nicht – wie ich früher vermutete – in unserem Energiekörper.

Die Antwort: Der Speicher, den ich suchte, ist der *KOSMOS*. Über das Unterbewußtsein und das Hohe Selbst ist jeder mit dem Kosmos verbunden. Die Informationen sind dort nach Inhalten geordnet und nicht nach Identitäten. Es gibt keinen „Privat-Kosmos". So erklärt sich der Zeit-Geist; die Tatsache, daß viele Erfahrungen und Erfindungen zur gleichen Zeit gemacht werden an ganz verschiedenen Orten der Erde. Meine Aussage: Jeder weiß alles! Nur wir wissen nicht, daß wir alles wissen.

Bewußtsein ist an die Sprache gebunden. Über den Speicher können wir das Bewußtsein aller Menschen aller Zeiten erreichen. Wieviel wir davon wahrnehmen können, hängt eben von unserem eigenen Bewußtsein ab.

Glaube ich beispielsweise an Karma, dann verbinde ich mich mit den gespeicherten Gedanken von „Karma". Dieses Karma ist dann nicht mehr das Bewußtsein von Gurus oder Meistern oder von Frau Krause, sondern es ist immer überpersönlich. Das ist unsere Gedankenfreiheit. Alles existiert also ohne Bewertung.

Jetzt muß es eine Verbindung geben zwischen dem „kosmischen Speicher" und meinem *Selbst*. Unsere Gedanken sind ja nicht so neutral wie der Speicher. Mir kam das Bild von den *Filtern*. Jeder Mensch hat seinen „Filter" vorgebaut, seine persönliche Brille, durch die er die Gedanken hindurchläßt. Die meisten Filter sind voll beladen mit Emotionen. Je mehr solcher emotionaler Filter der Mensch anzieht, desto unbewußter lebt er. Die Filter sind sozusagen unsere Resonanzböden, die bei bestimmten Auslösern aktiviert werden.

Auslöser sind von den Ursachen gut zu unterscheiden. Wir sagen: „Weil es im Auto zugig war, habe ich jetzt eine Erkältung". Die geöffneten

Fenster waren nur der Auslöser, aber nicht die Ursache! Derjenige hatte eine Resonanz auf „Durchzug", beispielsweise durch einen ungelösten Konflikt mit einem Arbeitskollegen. Viren oder Bakterien sind nur die Auslöser von Infektionskrankheiten, aber nicht ihre Ursache. Auslöser wahrzunehmen, verhilft uns zu erweitertem Bewußtsein.

Der eine hat vielleicht einen Filter, der heißt „Männer", ein anderer den Filter „Weiblichkeit", ein Dritter „Vorgesetzte" – oder alle zusammen. Schauen wir uns den „Männer-Filter" genauer an. Dort ist vielleicht die Emotion manifest: „Männer haben keine Seele" oder „Männer dürfen nicht weinen". Eine Menge Pauschalurteile in einem einzigen Filter! Und wir haben zigtausende davon!

Durch welchen Teil in uns identifizieren wir uns mit diesen Filtern? Über unser *Unterbewußtsein*. Mit Hilfe unseres Unterbewußtseins besteht die Möglichkeit, das individuelle unbewußte Programm zu finden. Durch den Austausch eines negativen Programmes mit einer neuen kosmischen Wahrheit wird dieser spezielle Filter gereinigt. Wichtig dabei ist, daß die Programme wortgetreu dupliziert werden – das macht unsere Individualität aus.

Jetzt wird deutlich, was beim „Positiven Denken" geschieht. Mit jeder Affirmation wird der Filter von den Emotionen gereinigt. Durch die ständige Wiederholung bleibt er gereinigt. Tausende von Filtern sind aufgehoben in einem gemeinsamen größeren Filter.

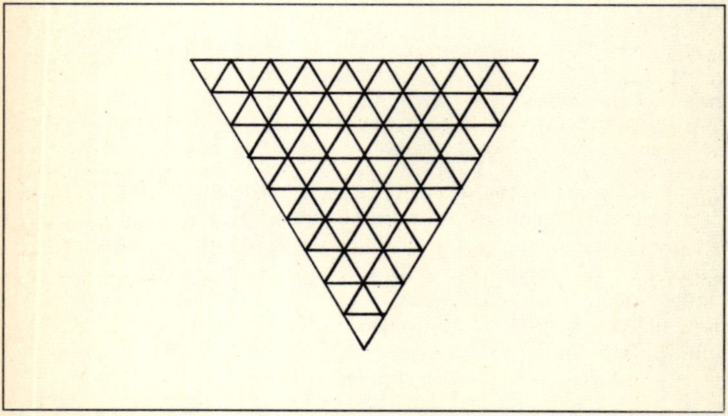

Abb.: Darstellung des Filterprinzips

Von den größeren Filtern gibt es natürlich auch wiederum eine Vielzahl. Um der Aufgabe gerecht zu werden, das Bewußtsein von der Vorstellung zu reinigen, daß es etwas anderes geben könnte, als eine reine Seele, benötigen wir folgende sechs Filter:

1. Fixierungen
2. Programme
3. Assoziationen
4. Manifeste
5. Epigramme
6. Paradoxien

In jedem dieser Filter sind 12 x 6 = 72. *Haben*-Struktur-Programme sind also nur ein Aspekt; alle 6 in der Gesamtheit nenne ich *Kosmogramme*.

Alle 6 verschmutzten Filter stellen blockierte Energien dar, die uns fehlen, um an uns selbst für eine neue Wirklichkeit arbeiten und glauben zu können. Um zu Erkenntnissen auf dieser kosmischen Stufe zu gelangen, bedürfen wir großer Selbstdisziplin und einer tiefen inneren Sehnsucht nach Gott. Das Konfrontieren unserer „schmutzigen Filter" ist oft schwierig und sehr schmerzlich. Zu groß ist unsere Angst um unser labiles Kartenhaus. Es ist wie das Atomwaffenabkommen zwischen den beiden Supermächten. Es herrscht ein latentes Gleichgewicht, jedoch kein wirklicher Frieden, weil sich die Rüstungsspirale unendlich weiterdreht.

Wir sollten jedoch vorher wissen: Gehen wir einmal diesen Weg der Selbsterkenntnis, gibt es kein Zurück mehr. Wir können jedoch sicher sein: Gott ist immer gnädiger als unsere unbewußten Kosmogramme. Wir konfrontieren nur soviel, wie wir verkraften können; solange, bis aus der einzelnen Karte unseres Hauses feste Steine geworden sind. Stehen wir dann vor unserem stabilen Haus, haben wir „höheres Bewußtsein" erlangt. Jetzt leben wir in der „Göttlichen Gegenwart".

Die Inhalte der Filter entsprechen den Inhalten der 12 Gruppen:

1. Gruppe:	Schuldgefühle	–	Gnade
2. Gruppe:	Entfremdung	–	Selbstverantwortung
3. Gruppe:	Illusionen	–	Selbstidentität
4. Gruppe:	Proteste	–	Selbstverständnis
5. Gruppe:	Unterdrückung	–	Macht der Fähigkeiten
6. Gruppe:	Fanatismus	–	Wahrheit
7. Gruppe:	Haß	–	Vergebung
8. Gruppe:	Mitleid	–	Selbszufriedenheit
9. Gruppe:	Zweifel	–	Entscheidungen
10. Gruppe:	Aggressionen	–	Treue
11. Gruppe:	Erniedrigung	–	Selbstwert
12. Gruppe:	Angst	–	Liebe

Entsprechend unserer Analogie des Hauses als unser *Selbst*, werden durch das Erkennen der Kosmogramme die Filter gereinigt. Die Kalifornischen Blüten-Essenzen helfen dann in non-verbaler Weise, die Poren der Filter auch noch zu reinigen, damit die verstopften Poren nicht wieder zu neuen Auslösern werden können. Die Seelenkraft der Blüten reinigen aber nicht nur die Poren, sondern sorgen dafür, daß sie ausgefüllt werden mit *Licht*. Jeder *Licht-Filter* entspricht göttlichem Bewußtsein.

Die Filter – symbolisiert durch Dreiecke

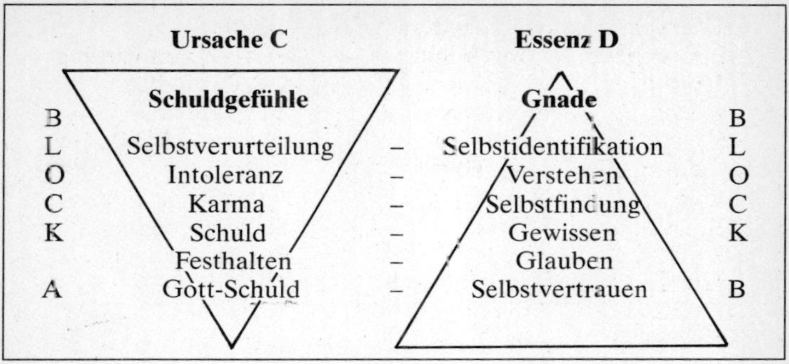

Abb: Der Filter als Symbol des Dreiecks

Block A stellt die *Haben*-Strukturen dar; Block B die *Seins*-Strukturen; die Ursache nenne ich C; die Essenz D. Zwei Dreiecke ergeben zusammen ein Viereck; 4 – die Zahl der Materie, die Zahl der physischen Verwirklichung. Materie, hier verstanden als unsere Inkarnationen in einem physischen Körper. Solange wir in der Dualität des Vierecks leben, solange sprechen wir von der unerlösten Materie. Erheben wir unser Bewußtsein zu *einem* Dreieck, dann leben wir die Dreieinigkeit Gottes.

Die Ursache C ist ein großer Filter, der 6 kleinere Filter umfaßt. Alle sind sie mehr oder weniger verschmutzt. Das Dreieck steht auf dem Kopf und die Spitze weist zur Erde.

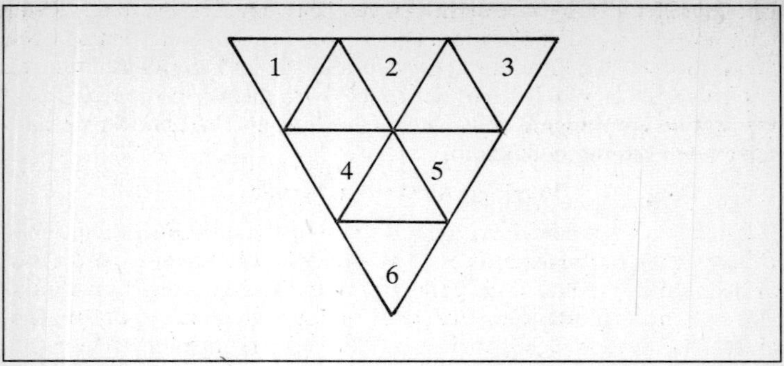

Abb.: Haben-Filter

Die schwerwiegendsten energetischen Auswirkungen ist jeweils der 6. Filter mit seinem Gottbezug. Je voller dieser 6. Filter mit Gott-Schuld beladen ist, desto weiter weg sind wir von der Gnade Gottes. Je nachdem wie stark die einzelnen Filter verschmutzt sind, zieht der ganze Filter mit Schwerkraft zur Erde. Erde bedeutet: materialisierte Energien. „Unten" wird es immer enger, ungemütlicher und unbewußter. Je fester die materialisierte Form, desto schwieriger ist es, sie wieder energetisch ins Fließen zu bringen.

Bei der *Essenz* D und ihren *Seins*-Strukturen haben wir ein Dreieck, dessen Spitze nach oben weist.

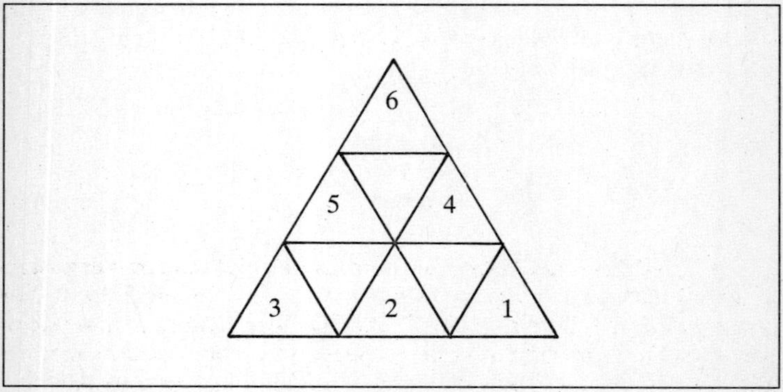

Abb.: Seins-Filter

Bei dem SEINS-Filter weist die Spitze nach oben. Hier wird der Raum immer weiter und fließender. Die Spitze des Dreiecks hat auf alle Strukturen in seinem Inneren ordnende Kraft und empfängt diese aus der universellen Quelle. Aus der Spitze wird das kosmische Licht, die Inspiration empfangen, bewahrt und ausgestrahlt. Wir sind angeschlossen an den kosmischen Strom.

Vergleich der beiden Dreiecke:

Vergleichen wir die beiden Dreiecke, können wir erkennen, daß *Block B* eine große Stabilität aufweist, während *Block A* mit seiner kleinen Spitze sehr instabil auf dem Boden steht und immer droht, umzufallen. Das „oben" ist gleichzeitig unsere Öffnung zum Speicher. *Block A* hat einen sehr großen Resonanzboden, der viel unkontrollierte Energien aufnehmen kann, die dann schnell wieder verschmutzt. *Block B* hat eine lichte Öffnung, die nur auserwählte Energien hereinläßt, die den Filter nicht belasten. Sie ist wie ein kosmisches „Nadelöhr". Hier wird die innere Begrenzung überschritten und die höheren Dimensionen öffnen sich uns.

Verantwortung übernehmen für die sechs Filter

Aufbau der Kosmogramme

Für alle sechs Filter:

Fixierungen
Programme
Assoziationen
Manifeste
Epigramme
Paradoxien

gilt im Überblick: Aus 3 Begriffen eines „Dreiecks" sind immer zusammenhängend 2 *Kosmogramm-Sätze* entstanden. Jeder „Filter", hat seine spezifische Ordnung, die durch die beiden Kosmogramme sichtbar wird. Der Sprachduktus eines Satzes ist entweder positiv oder negativ, je nachdem welchen Inhalt die dazugehörigen „Filtertüten" haben.

Die innere Ordnung der Kosmogramme sind für

Fixierungen	negativ / negativ
Programme	negativ / positiv
Assoziationen	positiv / negativ
Manifeste	positiv / positiv
Epigramme	„die URSACHE läßt mich nicht ..."
Paradoxien	„die ESSENZ ist gültig, wenn ich ..."

Zusammenstellung der Kosmogramme anhand der 1. Gruppe für alle 6 Filter.

	Schuldgefühle (Ursache)		**Gnade** (Essenz)		
HABEN-Struktur	1. Selbstverurteilung	–	Selbstidentifikation	1.	SEINS-Struktur
	2. Intoleranz	–	Verstehen	2.	
	3. Karma	–	Selbstfindung	3.	
	4. Schuld	–	Gewissen	4.	
	5. Festhalten	–	Glauben	5.	
	6. Gott-Schuld	–	Selbstvertrauen	6.	

Aus welchen Strukturen (*Haben, Sein, Ursache oder Essenz*) sich das Dreieck zusammensetzt, geht aus der Numerierung hervor. Sie ist allen Kosmogrammen vorangestellt. *U* steht für Ursache und *E* für Essenz.

Beispiel:

5.5 Festhalten durch mangelnden Glauben.
2.5 Nicht-Verstehen neigt zum Festhalten.

oder:

5.U Glauben befreit von Schuldgefühlen.
U.5 Schuldgefühle verführen zum Festhalten.

oder:

3.E Ich gehe den Weg der Selbstfindung, wenn ich göttliche Gnade für meine Seele annehme.

1. Filter: Fixierungen

Die erste Art von Kosmogrammen nenne ich FIXIERUNGEN, weil sie uns auf die negative Polarität fixieren. Zwanghaft schauen wir auf das Negative. Wir können einfach gar nicht anders, denn die Filtertüte heißt:

NEGATIVITÄT.

Alle Informationen, die durch diesen Filter gehen, bekommen den Stempel „ *negativ*", oder „schlecht" oder „böse". Bei fixierten Menschen wird an dem vermeintlich Guten solange herumgesucht, bis sich doch ein Haken findet. Die Realität ist sein Verbündeter. Die Ursache schafft ihm seine Realität. Da sie ihm aber unbewußt ist, z.B. die 1. Gruppe Schuldgefühle, gilt sie ihm als Alibi für seine *Haben*-Struktur, anderen Menschen oder sogar Gott die Schuld für seine Realität zu geben.

1.	Selbstverurteilung	–	Selbstidentifikation	1.
2.	Intoleranz	–	Verstehen	2.
3.	Karma	–	Selbstfindung	3.
4.	Schuld	–	Gewissen	4.
5.	Festhalten	–	Glauben	5.
6.	Gott-Schuld	–	Selbstvertrauen	6.

Das 1. Kosmogramm entspricht der negativen Polarität (negativ); das 2. Kosmogramm entspricht dem scheinbar Negativen am Positiven (negativ).

1.1 Selbstverurteilung zerstört Selbstidentifikation.

6.1 Mangelndes Selbstvertrauen führt zur Selbstverurteilung.

2. Filter: Programme

„Programme“ funktionieren wie ein Radio: Wir stellen einen Sender ein und dann läuft das Programm ab – ob uns der Inhalt gefällt oder nicht. Es ist also so, als ob wir nicht wüßten, wo der Knopf zum Drehen für einen anderen Sender ist. Das ist auch der Knopf zum Ausschalten. Dieser Knopf ist im Bewußtsein nicht vorhanden. Einmal eingeschaltet, läuft das Programm, und läuft und läuft. Hier beginnt unser Leid.

Denn wir wissen ja, daß es andere Sender gibt, die zum Beispiel, die wir gerne hören. Aber nein, wir haben zu leiden unter der dissonanten Musik auf dem anderen Kanal und wir denken: Das auszuhalten, dieses Leid, das ist unser Schicksal! Denn die „Filtertüte“ zu den Programmen heißt:

„NICHT-HANDELN-KÖNNEN.“

Dadurch entsteht das Gefühl des Ausgeliefertseins. Dabei ist es ganz einfach: Wir brauchen „nur“ eine Entscheidung zu treffen: Den Knopf auf den Sender drehen, der uns Lebensfreude bringt.

	Schuldgefühle (Ursache)		**Gnade** (Essenz)	
1.	Selbstverurteilung	–	Selbstidentifikation	1.
2.	Intoleranz	–	Verstehen	2.
3.	Karma	–	Selbstfindung	3.
4.	Schuld	–	Gewissen	4.
5.	Festhalten	–	Glauben	5.
6.	Gott-Schuld	–	Selbstvertrauen	6.

Das 1. Kosmogramm entspricht dem unbewußt Nicht-Handeln-Können (negativ); das 2. Kosmogramm entspricht dem bewußten Entscheiden (positiv).

5.2 Festhalten kann nicht verstehen.
2.2 Verstehen überwindet Intoleranz.

3. Filter: Assoziationen

„*Assoziationen*" sind ein Grundpfeiler unseres Denkens. Wir brauchen jedoch Klarheit unserer Gedanken und kein Gedankenkarussell. Warum aber drehen wir uns gedanklich dauernd im Kreis? Wie oft denken wir nach einem wichtigen Gespräch, was wir eigentlich hätten sagen wollen. Die „Filtertüte" zu den Assoziationen heißt:

„*ERINNERUNGEN*".

Wir sind im Gespräch mit Freunden und führen eine nette, angenehme Unterhaltung, sind heiter und gelöst in der Gegenwart. Plötzlich fällt ein Stichwort, ein Erinnerungsauslöser, und wir fallen aus der Gegenwart heraus. Es ist nicht mehr möglich, dem anderen zuzuhören, weil eine ganze Erinnerungs-Assoziationskette zu diesem Stichwort abläuft. Wir sind plötzlich in der Vergangenheit und müssen diese jetzt leben.

Damit verschwindet auch die Heiterkeit und Gelöstheit. Wir spüren, wie wir uns verkrampfen, uns scheinbar plötzlich nicht mehr wohlfühlen und sogar erwägen, diese Gesellschaft zu verlassen. Können wir diese Entscheidung noch treffen, ist der Auslöser bald vorüber und wir lassen uns wieder einholen von einer neuen Gegenwart. Können wir das nicht mehr, sinken wir immer tiefer in die Vergangenheit, immer tiefer in die Depression.

	Schuldgefühle (Ursache)	–	**Gnade** (Essenz)	
1.	Selbstverurteilung	–	Selbstidentifikation	1.
2.	Intoleranz	–	Verstehen	2.
3.	Karma	–	Selbstfindung	3.
4.	Schuld	–	Gewissen	4.
5.	Festhalten	–	Glauben	5.
6.	Gott-Schuld	–	Selbstvertrauen	6.

Das 1. Kosmogramm entspricht der Gegenwart (positiv); das 2. Kosmogramm entspricht der Vergangenheit (negativ).

3.U Selbstfindung aufgrund vergebener Schuldgefühle.
U.3 Schuldgefühle durch Glauben an Karma.

4. Filter: Manifeste

„Manifeste" lassen uns das Positive sehen – beim anderen. Uns selbst im Licht zu sehen und zu unseren guten Eigenschaften zu stehen, das fällt uns sehr schwer. Würden wir eine Liste anfertigen mit den guten Charakterzügen eines anderen, die Liste wäre ziemlich lang; würden wir eine solche Liste für uns selbst schreiben, hätten wir Schwierigkeiten, überhaupt 3 Eigenschaften aufzuzählen.

Wir sind für den anderen da, opfern uns auch auf, wir sind mitmenschlich im ehrlichen Sinne; alles ist positiv und doch hat die Filtertüte ein Loch, denn wir geben mehr als wir selbst haben, denn diese Filtertüte heißt:

„*NICHT-NEIN-SAGEN-KÖNNEN*".

Wir geben einen Teil von unserem eigenen Selbst her. Wenn wir mit unserem Tun die Filter anderer Menschen reinigen, müssen wir auch lernen, die Grenze zu ziehen, wo die Selbstverantwortung für den Mitmenschen beginnt.

	Schuldgefühle (Ursache)	–	**Gnade** (Essenz)	
1.	Selbstverurteilung	–	Selbstidentifikation	1.
2.	Intoleranz	–	Verstehen	2.
3.	Karma	–	Selbstfindung	3.
4.	Schuld	–	Gewissen	4.
5.	Festhalten	–	Glauben	5.
6.	Gott-Schuld	–	Selbstvertrauen	6.

Das 1. Kosmogramm entspricht dem Sehen des Positiven (positiv); das 2. Kosmogramm entspricht dem Handeln des Positiven (positiv).

3.E	Selbstfindung hat Gnade angenommen.
E.3	Gnade befreit vom Glauben an Karma.

5. Filter: Epigramme

„Epigramme" sind Kausalitäts-Ketten. Das eine ergibt sich aus dem anderen. Weil das „so" ist, ist der nächste Schritt bereits determiniert. Es werden energetische Schlußfolgerungen gezogen, die scheinbar wahr sind. Nur vergessen wir, daß alles auf dem Gebäude „WEIL" aufgebaut ist: daß wir selbst die Ursache sind für dieses „Weil".

Wir neigen dazu, uns zu entschuldigen, daß wir eben nicht anders handeln oder denken konnten. Darin drückt sich aus, daß wir um eine andere Handlungsweise wissen, aber die Filtertüte

„*RECHTFERTIGUNG*"

hindert uns daran. Dahinter stecken Selbstzweifel. Wir müssen das, was wir tun, betonen und rechtfertigen, damit wir selbst uns bestätigen, daß es richtig ist. Wir brauchen dauernd eine Rechtfertigung dafür, daß wir überhaupt geboren sind.

	Schuldgefühle (Ursache)		**Gnade** (Essenz)	
1.	Selbstverurteilung	–	Selbstidentifikation	1.
2.	Intoleranz	–	Verstehen	2.
3.	Karma	–	Selbstfindung	3.
4.	Schuld	–	Gewissen	4.
5.	Festhalten	–	Glauben	5.
6.	Gott-Schuld	–	Selbstvertrauen	6.

U.5

Schuldgefühle lassen mich festhalten,
deshalb meine Zweifel am Glauben.

U.6 Schuldgefühle lassen mich Gott beschuldigen,
deshalb habe ich kein Selbstvertrauen.

6. Filter: Paradoxien

„Paradoxien" sind Verknüpfungen beider Polaritäten. Es ist nicht nur gut, auch nicht nur schlecht; es ist kein entweder-oder, sondern eine Mischung von beiden. Wir glauben, das sei die Einheit – hervorgegangen aus den beiden Polen (+) und (−). Wir können uns weder für das Gute, noch für das Böse entscheiden und das Ergebnis ist CHAOS in uns. Wir wissen nicht mehr, woran wir glauben sollen. Bringt der eine seine Argumente vor, sind wir ganz überzeugt, daß er recht hat; bringt ein anderer seine Argumente, sind wir auch überzeugt, daß er recht hat. Wo bleiben wir selbst mit unserem Standpunkt?

Paradoxien sind Verknüpfungen, denen wir uns unterwerfen. Uns allen bekannt: Liebe als Tauschgeschäft. Das würden wir jedoch bewußt nie zugeben: „Ich kaufe dir schöne Sachen, dafür gibst du mir Sex." „Ich gebe dir Sicherheit, dafür mußt du immer Zuhause sein." „Ich gebe dir den Trauschein, dafür darf ich meinen Neigungen nachgehen." Eine unendliche Reihe entsteht – wenn wir ehrlich genug mit uns selbst sein könnten. Durch dieses Sowohl-als-auch sind wir sehr auf die Meinung der anderen, auf ihre Anerkennung angewiesen, denn die Filtertüte heißt:

„*ABHÄNGIGKEIT*".

Wenn das Wörtchen „wenn" nicht wäre! Es macht uns so abhängig. Je mehr wir unabhängig, je freier wir sein wollen, umso größer unsere Abhängigkeit von diesem „Wenn".

	Schuldgefühle (Ursache)	–	**Gnade** (Essenz)	
1.	Selbstverurteilung	–	Selbstidentifikation	1.
2.	Intoleranz	–	Verstehen	2.
3.	Karma	–	Selbstfindung	3.
4.	Schuld	–	Gewissen	4.
5.	Festhalten	–	Glauben	5.
6.	Gott-Schuld	–	Selbstvertrauen	6.

1.E Ich lebe meine Selbstidentifikation,
wenn ich göttliche Gnade für meine Seele annehme.

6.E Ich bin voller Selbstvertrauen,
wenn ich göttliche Gnade für meine Seele annehme.

Aufstellung der Kosmogramme

GRUPPE 1

	Schuldgefühle		Gnade	
1. Kompensation:	Selbstverurteilung	–	Selbstidentifikation	**Saint Johns Wort**
2. Identifikation:	Intoleranz	–	Verstehen	**Larkspur**
3. Aufbesserung:	Karma	–	Selbstfindung	**Trumpet Vine**
4. Umkehrung:	Schuld	–	Gewissen	**Shooting Star**
5. Projektion:	Festhalten	–	Glauben	**Pomegranate**
6. Verdrängung:	Gott-Schuld	–	Selbstvertrauen	**Penstemon**

FIXIERUNGEN

1.1 Selbstverurteilung zerstört Selbstidentifikation.
6.1 Mangelndes Selbstvertrauen führt zur Selbstverurteilung.

2.2 Intoleranz ist Nicht-Verstehen-Können.
5.2 Fehlender Glauben macht intolerant.

3.3 Karma verhindert Selbstfindung.
4.3 Belastetes Gewissen glaubt an Karma.

4.4 Schuld durch unreines Gewissen.
3.4 Ohne Selbstfindung entsteht Schuld.

5.5 Festhalten durch mangelnden Glauben.
2.5 Nicht-Verstehen neigt zum Festhalten.

6.6 Glaube an Schuld Gottes verhindert Selbstvertrauen.
1.6 Ohne Selbstidentifikation ist Gott schuld.

PROGRAMME

6.1 Gott-Beschuldigungen verhindern Selbstidentifikation.
1.1 Selbstidentifikation ist ohne Selbstverurteilung.

5.2 Festhalten kann nicht verstehen.
2.2 Verstehen überwindet Intoleranz.

4.3 Schuld widerspricht der Selbstfindung.
3.3 Selbstfindung ist das neue Verständnis von Karma.

3.4 Karma-Vorstellungen belasten das Gewissen.
4.4 Reines Gewissen ist frei von Schuld.

2.5 Intoleranz durch zweifelnden Glauben.
5.5 Glauben befreit vom Festhalten.

1.6 Selbstverurteilung zerstört Selbstvertrauen.
6.6 Selbstvertrauen ist ohne Glauben an Gott-Schuld.

ASSOZIATIONEN

1.U Selbstidentifikation erlöst von persönlichen Schuldgefühlen.
U.1 Schuldgefühle fördern Selbstverurteilung.

2.U Verstehen ohne Schuldgefühle.
U.2 Schuldgefühle verursachen Intoleranz.

3.U Selbstfindung aufgrund vergebener Schuldgefühle.
U.3 Schuldgefühle durch Glauben an Karma.

4.U Gewissen ist gereinigt von Schuldgefühlen.
U.4 Schuldgefühle erzeugen Schuld.

5.U Glauben befreit von Schuldgefühlen.
U.5 Schuldgefühle verführen zum Festhalten.

6.U Selbstvertrauen ist ohne Schuldgefühle.
U.6 Schuldgefühle geben leicht Gott die Schuld.

MANIFESTE

1.E Selbstidentifikation ist Gnade.
E.1 Gnade erlöst von Selbstverurteilung.

2.E Verstehen ist Loslassen durch Gnade.
E.2 Gnade besiegt Intoleranz.

3.E Selbstfindung hat Gnade angenommen.
E.3 Gnade befreit vom Glauben an Karma.

4.E Gewissen ist licht durch Gnade.
E.4 Gnade vergibt Schuld.

5.E Glauben ist gelebte Gnade.
E.5 Gnade braucht nicht Festhalten.

6.E Selbstvertrauen ist schöpferische Gnade.
E.6 Gnade ist ohne Gott-Schuld.

EPIGRAMME

U.1 Schuldgefühle verurteilen mich selbst, deshalb kann ich mich nicht mit meinem Selbst identifizieren.

U.2 Schuldgefühle lassen mich intolerant sein, deshalb bringe ich so wenig Verständnis auf.

U.3 Schuldgefühle lassen mich an Karma glauben, deshalb habe ich mich noch nicht selbst gefunden.

U.4 Schuldgefühle lassen mich schuldig fühlen, deshalb plagt mich ein unreines Gewissen.

U.5 Schuldgefühle lassen mich festhalten, deshalb meine Zweifel am Glauben.

U.6 Schuldgefühle lassen mich Gott beschuldigen, deshalb habe ich kein Selbstvertrauen.

PARADOXIEN

1.E Ich erlebe meine Selbstidentifikation, wenn ich göttliche Gnade für meine Seele annehme.

2.E Ich erlebe größeres Verstehen, wenn ich göttliche Gnade für meine Seele annehme.

3.E Ich gehe den Weg der Selbstfindung, wenn ich göttliche Gnade für meine Seele annehme.

4.E Ich erlebe ein entlastetes Gewissen, wenn ich göttliche Gnade für meine Seele annehme.

5.E Ich erlebe einen gefestigten Glauben, wenn ich göttliche Gnade für meine Seele annehme.

6.E Ich bin voller Selbstvertrauen, wenn ich göttliche Gnade für meine Seele annehme.

GRUPPE 2

	Entfremdung		Selbstverantwortung	
1. Kompensation:	Selbstentfremdung	–	Selbstachtung	**Mallow**
2. Identifikation:	Wissen	–	Weisheit	**Cayenne**
3. Aufbesserung:	Verfremdung	–	Integrität	**Iris**
4. Umkehrung:	Fremdherrschaft	–	Willenskraft	**Lotus**
5. Projektion:	Manipulation	–	Selbstverwirklichung	**Manzanita**
6. Verdrängung:	Gott-Furcht	–	Selbstzentrierung	**Quaking Grass**

FIXIERUNGEN

1.1 Selbstentfremdung ist Mangel an Selbstachtung.
6.1 Ohne Selbstzentrierung entsteht Selbstentfremdung.

2.2 Wissen ist ohne Weisheit.
5.2 Ohne Selbstverwirklichung entsteht Identifikation mit Wissen.

3.3 Verfremdung zerstört Integrität.
4.3 Mangelnde Willenskraft führt zur Verfremdung.

4.4 Fremdherrschaft zerstört Willenskraft.
3.4 Verletzte Integrität ist Fremdherrschaft ausgesetzt.

5.5 Manipulation verhindert Selbstverwirklichung.
2.5 Ohne Weisheit entsteht Manipulation.

6.6 Der Glaube an einen zu fürchtenden Gott kennt keine Selbstzentrierung.
1.6 Fehlende Selbstachtung fürchtet Gott.

PROGRAMME

6.1 Gott-Furcht ist ohne Selbstachtung.
1.1 Selbstachtung ist frei von Selbstentfremdung.

5.2 Manipulation verneint Weisheit.
2.2 Weisheit ersetzt Wissen.

4.3 Fremdherrschaft zerstört Integrität.
3.3 Integrität schützt vor Verfremdung.

3.4 Verfremdung zerstört Willenskraft.
4.4 Willenskraft überwindet Fremdherrschaft.

2.5 Wissen blockiert Selbstverwirklichung.
5.5 Selbstverwirklichung ist überwundene Gott-Furcht.

1.6 Selbstentfremdung verhindert Selbstzentrierung.
6.6 Selbstzentrierung ist erlöst von Gott-Furcht.

ASSOZIATIONEN

1.U Selbstachtung transformiert Entfremdung.
U.1 Entfremdung ist Selbstentfremdung.

2.U Weisheit ist frei von Entfremdung.
U.2 Entfremdung durch Überbetonung von Wissen.

3.U Integrität ist geschützt vor Entfremdung.
U.3 Entfremdung ausgelöst durch Verfremdung.

4.U Willenskraft ist Herr über Entfremdung.
U.4 Entfremdung läßt Fremdherrschaft zu.

5.U Selbstverwirklichung ist geheilt von Entfremdung.
U.5 Entfremdung durch Manipulation.

6.U Selbstzentrierung hat Entfremdung überwunden.
U.6 Entfremdung verursacht durch Gott-Furcht.

MANIFESTE

1.E Selbstachtung steigt mit der Selbstverantwortung.
E.1 Selbstverantwortung ist frei von Selbstentfremdung.

2.E Weisheit ermöglicht Selbstverantwortung.
E.2 Selbstverantwortung muß nicht wissen.

3.E Integrität durch Selbstverantwortung.
E.3 Selbstverantwortung ist geschützt vor Verfremdung.

4.E Willenskraft betont Selbstverantwortung.
E.4 Selbstverantwortung kennt keine Fremdherrschaft.

5.E Selbstverwirklichung ist gelebte Selbstverantwortung.
E.5 Selbstverantwortung manipuliert nicht.

6.E Selbstzentrierung infolge von Selbstverantwortung.
E.6 Selbstzentrierung befreit von Gott-Furcht.

EPIGRAMME

U.1 Entfremdung entfremdet mich, deshalb habe ich keine Selbstachtung.

U.2 Entfremdung häuft Wissen an, deshalb verschließe ich mich der Weisheit.

U.3 Entfremdung will Verfremdung, deshalb mangelt es mir an Integrität.

U.4 Entfremdung will Fremdherrschaft, deshalb ist meine Willenskraft geschwächt.

U.5 Entfremdung bewirkt Manipulation, deshalb kann ich mich selbst nicht verwirklichen.

U.6 Entfremdung fürchtet Gott, deshalb bin ich so wenig selbstzentriert.

PARADOXIEN

1.E Ich achte mich selbst, wenn ich für meine Seele Selbstverantwortung übernehme.

2.E Ich bin weise, wenn ich für meine Seele Selbstverantwortung übernehme.

3.E Ich bin integriert, wenn ich bereit bin, für meine Seele Selbstverantwortung zu tragen.

4.E Ich bin willensstark, wenn ich bereit bin, für meine Seele Selbstverantwortung zu tragen.

5.E Ich bin selbstverwirklicht, wenn ich bereit bin, für meine Seele Selbstverantwortung zu tragen.

6.E Ich bin zentriert, wenn ich bereit bin, für meine Seele Selbstverantwortung zu tragen.

GRUPPE 3

	Illusionen		Selbstidentität	
1. Kompensation:	Selbstzerstörung	–	Selbstheilung	**Bleeding Heart**
2. Identifikation:	Schmerz	–	Selbstüberwindung	**Self Heal**
3. Aufbesserung:	Selbstsucht	–	Herzenswärme	**Rabbitbrush**
4. Umkehrung:	Pflichterfüllung	–	Heiterkeit	**Morning Glory**
5. Projektion:	Leistungszwang	–	Selbstgestaltung	**Shasta Daisy**
6. Verdrängung:	Gott-Verweigerung	–	Offenheit	**Indian Pink**

FIXIERUNGEN

1.1 Selbstzerstörung verhindert Selbstheilung.
6.1 Fehlende Offenheit durch Selbstzerstörung.

2.2 Schmerz verfälscht Selbstüberwindung.
5.2 Vorgetäuschte Selbstgestaltung bringt Schmerz.

3.3 Süchte verursachen eingebildete Herzenswärme.
4.3 Unterdrückte Heiterkeit fördert Selbstsucht.

4.4 Pflichterfüllung ersetzt Heiterkeit.
3.4 Vermeintliche Herzenswärme handelt aus Pflicht.

5.5 Leistungszwang gibt vor, Selbstgestaltung zu sein.
2.5 Vorgegebene Selbstüberwindung steigert Leistungsdruck.

6.6 Mangelnde Offenheit durch Glauben an eine Verweigerung Gottes.
1.6 Gottverweigerung mißbraucht Offenheit.

PROGRAMME

6.1 Gottverweigerung hat Angst vor Selbstheilung.
1.1 Selbstheilung löscht Selbstzerstörungsprogramme.

5.2 Leistungszwang schmerzt.
2.2 Selbstüberwindung transformiert Schmerz.

4.3 Pflichterfüllung zweifelt an Herzenswärme.
3.3 Herzenswärme schützt vor Selbstsucht.

3.4 Süchte verschließen sich vor Heiterkeit.
4.4 Heiterkeit läßt Pflicht zur Muße werden.

2.5 Schmerzen hindern die Selbstgestaltung.
5.5 Selbstgestaltung besiegt Leistungszwang.

1.6 Selbstzerstörung macht Offenheit unmöglich.
6.6 Offenheit verneint Gott-Verweigerung.

ASSOZIATIONEN

1.U Selbstheilung nach erkannten Illusionen.
U.1 Illusionen erzeugen Selbstzerstörung.

2.U Selbstüberwindung von Illusionen.
U.2 Illusionen verursachen Schmerz.

3.U Herzenswärme ist geschützt vor Illusionen.
U.3 Illusionen bewirken Selbstsucht.

4.U Heiterkeit ist befreit von Illusionen.
U.4 Illusionen von Pflichterfüllung.

5.U Selbstgestaltung verfängt sich nicht in Illusionen.
U.5 Illusionen verursachen Leistungszwang.

6.U Offenheit ist ohne Illusionen.
U.6 Illusionen durch Gott-Verweigerung.

MANIFESTE

1.E Selbstheilung durch Selbst-Identität.
E.1 Selbst-Identität ist ohne Selbstzerstörung.

2.E Selbstüberwindung ermöglicht Selbst-Identität.
E.2 Selbst-Identität überwindet Schmerz.

3.E Herzenswärme führt zur Selbst-Identität.
E.3 Selbst-Identität ist frei von Selbstsucht.

4.E Heiterkeit ist Ausdruck von Selbst-Identität.
E.4 Selbst-Identität erfüllt ohne Pflicht.

5.E Selbstgestaltung fördert Selbst-Identität.
E.5 Selbst-Identität kennt keinen Leistungszwang.

6.E Offenheit weiß um die Selbst-Identität.
E.6 Selbst-Identität ist ohne Gott-Verweigerung.

EPIGRAMME

U.1 Illusionen lassen mich selbstzerstörerisch sein, deshalb verhindere ich meine Selbstheilung.

U.2 Illusionen lassen mich Schmerz festhalten, deshalb kann ich mich nicht selbst überwinden.

U.3 Illusionen lassen mich selbstsüchtig sein, deshalb fehlt es mir an Herzenswärme.

U.4 Illusionen lassen mich die Pflicht erfüllen, deshalb kann ich nicht heiter sein.

U.5 Illusionen lassen mich zwanghaft Leistungen erbringen, deshalb fehlt es mir an Selbstgestaltung.

U.6 Illusionenis widerspricht einem Irrtum Gotteglauben, deshalb bin ich unfähig. mich zu öffnen.

PARADOXIEN

1.E Ich erfahre Selbstheilung, wenn ich selbstidentisch bin mit meiner Seele.

2.E Ich überwinde mich selbst, wenn ich selbstidentisch bin mit meiner Seele.

3.E Ich ströme Herzenswärme aus, wenn ich selbstidentisch bin mit meiner Seele.

4.E Ich bin heiter, wenn ich selbstidentisch bin mit meiner Seele.

5.E Ich gestalte mein Leben selbst, wenn ich selbstidentisch bin mit meiner Seele.

6.E Ich bin offen, wenn ich selbstidentisch bin mit meiner Seele.

GRUPPE 4

	Proteste		Selbstverständnis	
1. Kompensation:	Selbstverleugnung	–	Selbstliebe	**Tansy**
2. Identifikation:	Armut	–	Geben	**Dill**
3. Aufbesserung:	Kritiksucht	–	Annehmen	**Black-Eyed-Susan**
4. Umkehrung:	Disziplinlosigkeit	–	Reife	**Calif. Pitcher Plant**
5. Projektion:	Auflehnung	–	Anpassung	**Yerba Santa**
6. Verdrängung:	Gott-Irrtum	–	Gesetz	**Quince**

FIXIERUNGEN

1.1 Selbstverleugnung protestiert Selbstliebe.
6.1 Übertretene Gesetze durch Selbstverleugnung.

2.2 Armut verhindert Geben.
5.2 Mangelnde Anpassung fördert die Armut.

3.3 Kritiksucht infolge von Nicht-Annehmen-Können.
4.3 Unreife kann keine Kritik ertragen.

4.4 Disziplinlosigkeit als Zeichen fehlender Reife.
3.4 Nicht-Annehmen-Können verursacht Disziplinlosigkeit.

5.5 Auflehnung rebelliert gegen Anpassung.
2.5 Nicht-Geben-Können ist ein Zeichen für Auflehnung.

6.6 Glaube an einen Irrtum Gottes verletzt das kosmische Gesetz.
1.6 Mangelnde Selbstliebe glaubt an Gott-Irrtum.

PROGRAMME

6.1 Gott-Irrtum macht unfähig zur Selbstliebe.
1.1 Selbstliebe schützt vor Selbstverleugnung.

5.2 Auflehnung verhindert Freude am Geben.
2.2 Geben überwindet Armut.

4.3 Disziplinlosigkeit kann nicht annehmen.
3.3 Annehmen läßt keine Kritiksucht aufkommen.

3.4 Kritiksucht verhindert Reife.
4.4 Reife bewältigt Disziplinlosigkeit.

2.5 Armut verweigert Bewußtsein.
5.5 Anpassung bedarf keiner Auflehnung.

1.6 Selbstverleugnung verstößt gegen das Gesetz.
6.6 Gesetz ist übergebener Gott-Irrtum.

ASSOZIATIONEN

1.U Selbstliebe hat alle Proteste gelöscht.
U.1 Proteste fördern die Selbstverleugnung.

2.U Geben protestiert nicht mehr die Materie.
U.2 Proteste schaffen Armut.

3.U Annehmen ist frei von Protest.
U.3 Proteste fördern Kritiksucht.

4.U Reife protestiert nicht.
U.4 Proteste verursachen Disziplinlosigkeit.

5.U Anpassung überwindet Proteste.
U.5 Proteste sind Ausdruck von Auflehnung.

6.U Gesetz hat Proteste eliminiert.
U.6 Proteste durch Glauben an einen Irrtum Gottes.

MANIFESTE

1.E Selbstliebe offenbart göttliches Selbstverständnis.
E.1 Selbstverständnis überwindet Selbstverleugnung.

2.E Geben ist Ausdruck von dankbarem Selbstverständnis.
E.2 Selbstverständnis kennt keine Armut.

3.E Annehmen ist liebevolles Selbstverständnis.
E.3 Selbstverständnis verliert Kritiksucht.

4.E Reife fördert erlöstes Selbstverständnis.
E.4 Selbstverständnis durch aufgegebene Disziplinlosigkeit.

5.E Anpassung durch erfahrenes Selbstverständnis.
E.5 Selbstverständnis ist überwundene Auflehnung.

6.E Gesetz akzeptieren durch wahres Selbstverständnis.
E.6 Selbstverständnis widerspricht einem Irrtum Gottes.

EPIGRAMME

U.1 Proteste lassen mich selbstverleugnen, deshalb mangelt es mir an Selbstliebe.

U.2 Proteste lassen mich arm sein, deshalb kann ich nicht geben.

U.3 Proteste lassen mich kritisieren, deshalb fällt mir das Annehmen schwer.

U.4 Proteste lassen mich disziplinlos sein, deshalb mangelt es mir an Reife.

U.5 Proteste lassen mich gegen das Leben auflehnen, deshalb kann ich mich nicht anpassen.

U.6 Proteste lassen mich an einen Gott-Irrtum glauben, deshalb kenne ich das Kosmische Gesetz nicht.

PARADOXIEN

1.E Ich liebe mich selbst, wenn ich ein göttliches Selbstverständnis habe von meiner Seele.

2.E Ich gebe gerne, wenn ich ein neues Selbstverständnis habe von meiner Seele.

3.E Ich nehme freudig an, wenn ich ein neues Selbstverständnis habe von meiner Seele.

4.E Ich bin reif, wenn ich ein neues Selbstverständnis habe von meiner Seele.

5.E Ich bin angepaßt, wenn ich ein neues Selbstverständnis habe von meiner Seele.

6.E Ich beachte das Gesetz, wenn ich ein neues Selbstverständnis habe von meiner Seele.

GRUPPE 5

	Unterdrückung	– Macht der Fähigkeiten	
1. Kompensation:	Selbstrechtfertigung	– Selbstbestimmung	**Mugwort**
2. Identifikation:	Schwäche	– Selbstdarstellung	**Star Tulips**
3. Aufbesserung:	Kämpfen	– Dienen	**Fuchsia**
4. Umkehrung:	Vergangenheit	– Klarheit	**Buttercup**
5. Projektion:	Der Glaube an das Böse	– Ehrlichkeit	**Basil**
6. Verdrängung:	Gotteslästerung	– Überantwortung	**Saguaro**

FIXIERUNGEN

1.1 Selbstrechtfertigung verstößt gegen Selbstbestimmung.
6.1 Nicht-Überantwortung braucht Selbstrechtfertigung.

2.2 Schwäche verhindert charakterfeste Selbstdarstellung.
5.2 Mangelnde Ehrlichkeit verursacht Schwäche.

3.3 Kämpfen will nicht dienen.
4.3 Verlust der Klarheit muß kämpfen.

4.4 Vergangenheit gibt keine Klarheit.
3.4 Mangelndes Dienen lebt in der Vergangenheit.

5.5 Der Glaube an das Böse unterdrückt Ehrlichkeit.
2.5 Falsche Selbstdarstellung durch Glauben an das Böse.

6.6 Gotteslästerung verhindert das Sich-Gott-Überantworten.
1.6 Ohne Selbstbestimmung entsteht Gotteslästerung.

PROGRAMME

6.1 Gotteslästerung verhindert Selbstbestimmung.
1.1 Selbstbestimmung bedarf keiner Selbstrechtfertigung.

5.2 Der Glaube an das Böse schafft mißverständliche Selbstdarstellung.
2.2 Selbstdarstellung überwindet Schwäche.

4.3 Vergangenheit kann nicht dienen.
3.3 Dienen statt kämpfen.

3.4 Kämpfen überschattet Klarheit.
4.4 Klarheit siegt über die Vergangenheit.

2.5 Schwäche täuscht Ehrlichkeit vor.
5.5 Ehrlichkeit ist erlöst vom Glauben an das Böse.

1.6 Selbstrechtfertigung ist ohne Überantwortung.
6.6 Überantwortung schützt vor Gotteslästerung.

ASSOZIATIONEN

1.U Selbstbestimmung ist Sieg über Unterdrückung.
U.1 Unterdrückung fördert Selbstrechtfertigung.

2.U Selbstdarstellung unterdrückt nichts.
U.2 Unterdrückung verstärkt Schwäche.

3.U Dienen hat Unterdrückung überwunden.
U.3 Unterdrückung muß kämpfen.

4.U Klarheit haben durch Erkennen von Unterdrückungen.
U.4 Unterdrückung lebt in der Vergangenheit.

5.U Ehrlichkeit bedarf keiner Unterdrückung.
U.5 Unterdrückung glaubt an das Böse.

6.U Gott-Überantwortung ist frei von jeglicher Unterdrückung.
U.6 Unterdrückung begeht Gotteslästerung.

MANIFESTE

1.E Selbstbestimmung durch die Macht der Fähigkeiten.
E.1 Macht der Fähigkeiten bedarf keiner Selbstrechtfertigung.

2.E Selbstdarstellung ist ausgedrückte Macht der eigenen Fähigkeiten.
E.2 Macht der eigenen Fähigkeiten kennt keine Schwäche.

3.E Dienen mit der Macht der Fähigkeiten.
E.3 Macht der Fähigkeiten braucht nicht zu kämpfen.

4.E Klarheit haben über die Macht der Fähigkeiten.
E.4 Macht der Fähigkeiten arbeitet Vergangenheit auf.

5.E Ehrlichkeit zur Macht der eigenen Fähigkeiten.
E.5 Macht der Fähigkeiten glaubt nicht an das Böse.

6.E Gott-Überantwortung potenziert Macht der eigenen Fähigkeiten.
E.6 Macht der Fähigkeiten ist ohne Gotteslästerung.

EPIGRAMME

U.1 Unterdrückung läßt mich selbstrechtfertigen, dadurch lebe ich meine Selbstbestimmung nicht.

U.2 Unterdrückung läßt mich schwach sein, deshalb verhindere ich meine Selbstdarstellung.

U.3 Unterdrückung läßt mich kämpfen, dadurch kann ich nicht dienen.

U.4 Unterdrückung läßt mich vergangenheitsbezogen sein, deshalb mangelt es mir an Klarheit.

U.5 Unterdrückung läßt mich an das Böse glauben, dadurch kann ich Ehrlichkeit nicht erfahren.

U.6 Unterdrückung läßt mich Gott lästern, dadurch kann ich mich Gott nicht überantworten.

PARADOXIEN

1.E Ich bin selbstbestimmt, wenn ich die Macht meiner Seele mit ihren Fähigkeiten erkenne.

2.E Ich stelle mich richtig dar, wenn ich die Macht meiner Seele mit ihren Fähigkeiten erkenne.

3.E Ich diene, wenn ich die Macht meiner Seele mit ihren Fähigkeiten erkenne.

4.E In bin klar, wenn ich die Macht meiner Seele mit ihren Fähigkeiten erkenne.

5.E Ich bin ehrlich, wenn ich die Macht meiner Seele mit ihren Fähigkeiten erkenne.

6.E Ich bin gottüberantwortet, wenn ich die Macht meiner Seele mit ihren Fähigkeiten erkenne.

GRUPPE 6

	Fanatismus		Wahrheit	
1. Kompensation:	Selbstbeschränkung	–	Selbstbehauptung	**Filaree**
2. Identifikation:	Überzeugen	–	Geduld	**Golden Ear Drops**
3. Aufbesserung:	Rechthaberei	–	Solidarität	**Yarrow**
4. Umkehrung:	Extreme	–	Stabilität	**Calif. Wild Rose**
5. Projektion:	Gewalt	–	Lebensfreude	**Zinnia**
6. Verdrängung:	Gott-Fluch	–	Gerechtigkeit	**Peppermint**

FIXIERUNGEN

1.1 Selbstbeschränkung kennt keine Selbstbehauptung.
6.1 Ohne Gerechtigkeit entsteht Selbstbeschränkung.

2.2 Überzeugen ist Ausdruck von wenig Geduld.
5.2 Mangelnde Lebensfreude will überzeugen.

3.3 Rechthaberei weiß nichts von Solidarität.
4.3 Fehlende Stabilität ist rechthaberisch.

4.4 Extreme verhindern Stabilität.
3.4 Ohne Solidarität herrschen Extreme.

5.5 Gewalt zerstört Lebensfreude.
2.5 Ohne Geduld entsteht unbewußte Gewalt.

6.6 Der Glaube an einen Fluch Gottes verhindert Gerechtigkeit.
1.6 Fehlende Selbstbehauptung verflucht Gott und die Menschen.

PROGRAMME

6.1 Glaube an Gott-Fluch verneint Selbstbehauptung.
1.1 Selbstbehauptung überwindet Selbstbeschränkung.

5.2 Gewalt durch mangelnde Geduld.
2.2 Geduld braucht nicht überzeugen.

4.3 Extreme verhindern Solidarität.
3.3 Solidarität besiegt Rechthaberei.

3.4 Rechthaberei beeinträchtigt Stabilität.
4.4 Stabilität ist geschützt vor Extremen.

2.5 Überzeugen ist ohne Lebensfreude.
5.5 Lebensfreude verhindert Gewalt.

1.6 Selbstbeschränkung verschließt sich vor Gerechtigkeit.
6.6 Gerechtigkeit ist Erlösung vom Glauben an Gott-Fluch.

ASSOZIATIONEN

1.U Selbstbehauptung ist ohne Fanatismus.
U.1 Fanatismus bewirkt Selbstbeschränkung.

2.U Geduld überwindet Fanatismus.
U.2 Fanatismus will überzeugen.

3.U Solidarität kennt keinen Fanatismus.
U.3 Fanatismus unterstützt Rechthaberei.

4.U Stabilität besiegt Fanatismus.
U.4 Fanatismus führt zu Extremen.

5.U Lebensfreude kennt keine Verführung durch Fanatismus.
U.5 Fanatismus macht vor Gewalt nicht halt.

6.U Gerechtigkeit ohne Fanatismus.
U.6 Fanatismus glaubt an einen Fluch Gottes.

MANIFESTE

1.E Selbstbehauptung lebt Gottes Wahrheit.
E.1 Wahrheit dupliziert Selbstbeschränkung.

2.E Geduld bringt Wahrheit ans Licht.
E.2 Wahrheit läßt los vom Überzeugen.

3.E Solidarität ist gelebte Wahrheit.
E.3 Wahrheit überwindet Rechthaberei.

4.E Stabilität durch Liebe zur Wahrheit.
E.4 Wahrheit liegt jenseits von Extremen.

5.E Lebensfreude aufgrund gefundener Wahrheit.
E.5 Wahrheit ist frei von Gewalt.

6.E Gerechtigkeit durch Erkennen der Wahrheit.
E.6 Wahrheit glaubt an keinen Gott-Fluch.

EPIGRAMME

U.1 Fanatismus beschränkt mich selbst,
deshalb kann ich mich nicht behaupten.

U.2 Fanatismus läßt mich überzeugen, deshalb
habe ich keine Geduld.

U.3 Fanatismus läßt mich rechthaben wollen,
deshalb fehlt es mir an Solidarität.

U.4 Fanatismus läßt mich extrem sein, deshalb habe ich
keine Stabilität.

U.5 Fanatismus läßt mich Gewalt projizieren, deshalb
habe ich keine Lebensfreude.

U.6 Fanatismus läßt mich Gott fluchen, deshalb
ist mir Gerechtigkeit fremd.

PARADOXIEN

1.E Ich behaupte mich selbst,
wenn meine Seele Wahrheit erfährt.

2.E Ich bin geduldig, wenn meine Seele Wahrheit erfährt.

3.E Ich bin solidarisch, wenn meine Seele Wahrheit erfährt.

4.E Ich bin gefühlsstabil,
wenn meine Seele Wahrheit erfährt.

5.E Ich bin lebensfroh, wenn meine Seele Wahrheit erfährt.

6.E Ich bin gerecht, wenn meine Seele Wahrheit erfährt.

GRUPPE 7

	Haß		Vergebung	
1. Kompensation:	Selbsthaß	–	Selbstbesinnung	**Mariposa Lily**
2. Identifikation:	Widerstand	–	Autorität	**Sagebrush**
3. Aufbesserung:	Feindschaft	–	Brüderlichkeit	**Hounds Tongue**
4. Umkehrung:	Narzißmus	–	Mitgefühl	**Scotch Broom**
5. Projektion:	Aufopferung	–	Hilfsbereitschaft	**Sweet Pea**
6. Verdrängung:	Gott-Zorn	–	Läuterung	**Dandelion**

FIXIERUNGEN

1.1 Selbsthaß verhindert Selbstbesinnung.
6.1 Ohne Läuterung keine Erlösung vom Selbsthaß.

2.2 Widerstand schmälert Autorität.
5.2 Vermeintliche Hilfsbereitschaft fördert den Widerstand.

3.3 Feindschaft verletzt Brüderlichkeit.
4.3 Ohne Mitgefühl entsteht Feindschaft.

4.4 Narzißmus verweigert Mitgefühl.
3.4 Verletzte Brüderlichkeit entsteht durch Narzißmus.

5.5 Aufopferung ist mißbrauchte Hilfsbereitschaft.
2.5 Mißverstandene Autorität braucht Aufopferung.

6.6 Der Glaube an einen zornigen Gott bedarf der Läuterung.
1.6 Ohne Selbstbesinnung verschwindet kein Gott-Zorn.

PROGRAMME

6.1 Glaube an einen zornigen Gott verlangt Selbstbesinnung.
1.1 Selbstbesinnung dupliziert Selbsthaß.

5.2 Aufopferung untergräbt Autorität.
2.2 Autorität integriert Widerstand.

4.3 Narzißmus schließt Brüderlichkeit aus.
3.3 Brüderlichkeit erlöst von Feindschaft.

3.4 Feindschaft verurteilt Mitgefühl.
4.4 Mitgefühl ist frei von Narzißmus.

2.5 Widerstand blockiert Hilfsbereitschaft.
5.5 Hilfsbereitschaft ist Tun ohne Aufopferung.

1.6 Selbsthaß verschließt sich vor Läuterung.
6.6 Läuterung beendet den Glauben an den Zorn Gottes.

ASSOZIATIONEN

1.U Selbstbesinnung reinigt von Haß.
U.1 Haß aufgrund von Selbsthaß.

2.U Selbstautorität absorbiert Haß.
U.2 Haß gebiert Widerstand.

3.U Brüderlichkeit ist Haß fremd.
U.3 Haß führt zur offenen Feindschaft.

4.U Mitgefühl überwindet Haß.
U.4 Haß verursacht Narzißmus.

5.U Hilfsbereitschaft trotz Haß.
U.5 Haß führt zu Aufopferung.

6.U Läuterung von Haß.
U.6 Haß läßt an einen Zorn Gottes glauben.

MANIFESTE

1.E Selbstbesinnung auf Vergebung.
E.1 Vergebung vom Selbsthaß.

2.E Autorität vergibt.
E.2 Vergebung beendigt Widerstand.

3.E Brüderlichkeit ist möglich durch erfahrene Vergebung.
E.3 Vergebung erlöst von Feindschaft.

4.E Mitgefühl entsteht nach Vergebung.
E.4 Vergebung befreit von Narzißmus.

5.E Hilfsbereitschaft ist gelebte Vergebung.
E.5 Vergebung macht Aufopferung unnötig.

6.E Läuterung bittet um Vergebung Gottes.
E.6 Vergebung befreit vom Glauben an Gott-Zorn.

EPIGRAMME

U.1 Haß läßt mich mich selbst hassen, deshalb erfahre ich keine Vergebung.

U.2 Haß läßt mich Widerstand leisten, deshalb fehlt es mir an Autorität.

U.3 Haß läßt mich feindlich sein, deshalb erlebe ich keine Brüderlichkeit.

U.4 Haß läßt mich narzistisch sein, deshalb habe ich kein Mitgefühl.

U.5 Haß läßt mich aufopfern, deshalb mangelt es mir an echter Hilfsbereitschaft.

U.6 Haß läßt mich Gott zürnen, deshalb erfahre ich keine Läuterung.

PARADOXIEN

1.E Ich besinne mich auf mich selbst, wenn meiner Seele vergeben ist.

2.E Ich lebe meine natürliche Autorität, wenn meiner Seele vergeben ist.

3.E Ich bin brüderlich, wenn meiner Seele vergeben ist.

4.E Ich bin mitfühlend, wenn meiner Seele vergeben ist.

5.E Ich bin hilfsbereit, wenn meiner Seele vergeben ist.

6.E Ich bin geläutert, wenn meiner Seele vergeben ist.

GRUPPE 8

	Mitleid		Selbstzufriedenheit	
1. Kompensation:	Selbstmitleid	–	Selbsthingabe	**Arnica**
2. Identifikation:	Lügen	–	Barmherzigkeit	**Madia**
3. Aufbesserung:	Sünde	–	Freiheit	**Sticky Monkeyflower**
4. Umkehrung:	Verherrlichung	–	Selbstlosigkeit	**Pink Yarrow**
5. Projektion:	Krankheit	–	Selbstbewußtsein	**Corn**
6. Verdrängung:	Gott-"Frömmigkeit"	–	Demut	**Dogwood**

FIXIERUNGEN

1.1 Selbstmitleid verhindert Selbsthingabe.
6.1 Ohne Demut existiert Selbstmitleid.

2.2 Lügen verletzt Barmherzigkeit.
5.2 Fehlendes Selbstbewußtsein lügt.

3.3 Sünde verstößt gegen die Freiheit.
4.3 Mißverstandene Selbstlosigkeit verstrickt sich in Sünde.

4.4 Verherrlichung fordert falsche Selbstlosigkeit.
3.4 Mißverstandene Freiheit verherrlicht sich selbst.

5.5 Krankheit erschüttert das Selbstbewußtsein.
2.5 Verbrämte Barmherzigkeit braucht Krankheit.

6.6 Gott-„Frömmigkeit" leugnet Demut.
1.6 Verweigerte Selbsthingabe verursacht Gott-„Frömmigkeit".

PROGRAMME

6.1 „Frömmigkeit" hat Angst vor Selbsthingabe.
1.1 Selbsthingabe reinigt von Selbstmitleid.

5.2 Krankheit wehrt sich gegen Barmherzigkeit.
2.2 Barmherzigkeit ist frei von Lügen.

4.3 Verherrlichung widerspricht der Freiheit.
3.3 Freiheit ohne Sünde.

3.4 Sünde mißversteht Selbstlosigkeit.
4.4 Selbstlosigkeit verherrlicht Gott.

2.5 Lügen infolge mangelnden Selbstbewußtseins.
5.5 Selbstbewußtsein versteht Krankheit.

1.6 Selbstmitleid mag keine Demut.
6.6 Demut ist Bekenntnis zu Gott.

ASSOZIATIONEN

1.U Selbsthingabe ist frei von Mitleid.
U.1 Mitleid ist Selbstmitleid.

2.U Barmherzigkeit handelt nicht aus Mitleid.
U.2 Mitleid ist Lüge.

3.U Freiheit bemitleidet nicht.
U.3 Mitleid verbreitet Sünde.

4.U Selbstlosigkeit ist ohne Mitleid.
U.4 Mitleid neigt zur Verherrlichung.

5.U Selbstbewußtsein bedarf keines Mitleids.
U.5 Mitleid erhält Krankheit aufrecht.

6.U Demut hat kein Mitleid.
U.6 Mitleid fördert Gott-„Frömmigkeit".

MANIFESTE

1.E Selbsthingabe bringt Selbstzufriedenheit.
E.1 Selbstzufriedenheit ist Selbstmitleid fremd.

2.E Barmherzigkeit führt zur Selbstzufriedenheit.
E.2 Selbstzufriedenheit bedarf keiner Lügen.

3.E Freiheit bejaht Selbstzufriedenheit.
E.3 Selbstzufriedenheit durch Vergebung der Sünden.

4.E Selbstlosigkeit stärkt Selbstzufriedenheit.
E.4 Selbstzufriedenheit braucht keine Verherrlichung.

5.E Selbstbewußtsein durch Selbstzufriedenheit.
E.5 Selbstzufriedenheit geht aus Krankheit bestärkt hervor.

6.E Demut ermöglicht bedingungslose Selbstzufriedenheit.
E.6 Selbstzufriedenheit ist frei von Gott-„Frömmigkeit".

EPIGRAMME

U.1 Mitleid läßt mich selbst bemitleiden, deshalb lebe ich ohne Selbsthingabe.

U.2 Mitleid läßt mich (not-)lügen, deshalb ist mir Barmherzigkeit verschlossen.

U.3 Mitleid läßt mich sündigen, deshalb erlebe ich keine wahre Freiheit.

U.4 Mitleid läßt mich selbst verherrlichen, deshalb kenne ich keine Selbstlosigkeit.

U.5 Mitleid läßt mich krank sein, deshalb habe ich ein geringes Selbstbewußtsein.

U.6 Mitleid läßt mich frömmeln, deshalb bin ich von Demut weit entfernt.

PARADOXIEN

1.E Ich bin voller Selbsthingabe, wenn meine Seele selbstzufrieden ist.

2.E Ich bin barmherzig, wenn meine Seele selbstzufrieden ist.

3.E Ich bin frei, wenn meine Seele selbstzufrieden ist.

4.E Ich bin selbstlos, wenn meine Seele selbstzufrieden ist.

5.E Ich bin selbstbewußt, wenn meine Seele selbstzufrieden ist.

6.E Ich bin bewußt demütig, wenn meine Seele selbstzufrieden ist.

GRUPPE 9

	Zweifel	–	Entscheidungen	
1. Kompensation:	Selbstzweifel	–	Selbstbejahung	**Star Thistle**
2. Identifikation:	Nachahmung	–	Persönlichkeit	**California Poppy**
3. Aufbesserung:	Idealisierung	–	Realität	**Chapparal**
4. Umkehrung:	Ruhelosigkeit	–	Geborgenheit	**Scarlet Monkeyflower**
5. Projektion:	Unsicherheit	–	Hoffnung	**Garlic**
6. Verdrängung:	Gott-Isolation	–	Güte	**Violet**

FIXIERUNGEN

1.1 Selbstzweifel verneint Selbstbejahung.
6.1 Ohne Güte herrscht Selbstzweifel.

2.2 Nachahmung entfremdet Persönlichkeit.
5.2 Hoffnungslosigkeit bedarf der Nachahmung.

3.3 Idealisierung ist Flucht vor Realität.
4.3 Vorgegebene Geborgenheit idealisiert.

4.4 Ruhelosigkeit infolge mangelnder Geborgenheit.
3.4 Verzweiflung an der Realität verursacht Ruhelosigkeit.

5.5 Unsicherheit strahlt keine Hoffnung aus.
2.5 Persönlichkeit schwindet bei Unsicherheit.

6.6 Der Glaube an eine Isolation von Gott verhindert Güte.
1.6 Fehlende Selbstbejahung glaubt an Gott-Isolation.

PROGRAMME

6.1 Isolation von Gott verweigert Selbstbejahung.
1.1 Selbstbejahung löst alle Selbstzweifel.

5.2 Unsicherheit fordert stärkere Persönlichkeiten.
2.2 Persönlichkeiten sind frei von Nachahmungen.

4.3 Ruhelosigkeit durch Nicht-akzeptieren der Realität.
3.3 Akzeptierte Realität ist ohne Idealisierung.

3.4 Idealisierung schafft scheinbare Geborgenheit.
4.4 Geborgenheit überwindet Ruhelosigkeit.

2.5 Nachahmung durch verzweifelte Hoffnung.
5.5 Hoffnung ist frei von Unsicherheit.

1.6 Selbstzweifel ist gegen Güte.
6.6 Güte hebt Gott-Isolation auf.

ASSOZIATIONEN

1.U Selbstbejahung befreit vom Zweifel.
U.1 Zweifel sind Selbstzweifel.

2.U Persönlichkeit kennt keine Zweifel.
U.2 Zweifel fördern Nachahmungen.

3.U Realität wandelt durch Loslassen vom Zweifel.
U.3 Zweifel idealisieren Proteste.

4.U Geborgenheit schützt vor Zweifel.
U.4 Zweifel verursacht Ruhelosigkeit.

5.U Hoffnung überwindet Zweifel.
U.5 Zweifel verstärkt Unsicherheit.

6.U Güte ist frei vom Zweifel.
U.6 Zweifel lassen an eine Isolation von Gott glauben.

MANIFESTE

1.E Selbstbejahung ist grundlegende Entscheidung.
E.1 Entscheidungen heben Selbstzweifel auf.

2.E Persönlichkeit kann richtige Entscheidungen treffen.
E.2 Entscheidungen befreien vor Nachahmungen.

3.E Realität verändert sich durch Entscheidungen.
E.3 Entscheidungen machen Idealisierungen unnötig.

4.E Geborgenheit durch sichere Entscheidungen.
E.4 Entscheidungen beenden Ruhelosigkeit.

5.E Hoffnung erfüllt sich durch Entscheidungen.
E.5 Entscheidungen erlösen von Unsicherheit.

6.E Güte durch Entscheidung für das Gute, für Gott.
E.6 Entscheidung beendet Glauben an Gott-Isolation.

EPIGRAMME

U.1 Zweifel lassen mich an mir selbst zweifeln, deshalb
kann ich mich nicht selbst bejahen.

U.2 Zweifel lassen mich andere nachahmen,
deshalb bin ich keine Persönlichkeit.

U.3 Zweifel lassen mich idealisieren,
deshalb mag ich die Realität nicht.

U.4 Zweifel lassen mich ruhelos sein,
deshalb kenne ich keine Geborgenheit.

U.5 Zweifel lassen mich verunsichert,
deshalb bin ich ohne Hoffnung.

U.6 Zweifel lassen mich von Gott isoliert erscheinen,
deshalb strahle ich keine Güte aus.

PARADOXIEN

1.E Ich bejahe mich selbst, wenn ich mich
für meine Seele entscheide.

2.E Ich bin eine Persönlichkeit, wenn ich mich
für meine Seele entscheide.

3.E Ich bin eins mit der Realität, wenn ich mich
für meine Seele entscheide.

4.E Ich fühle mich geborgen, wenn ich mich
für meine Seele entscheide.

5.E Ich bin voller Hoffnung, wenn ich mich
für meine Seele entscheide.

6.E Ich bin gütig, wenn ich mich für meine Seele entscheide.

GRUPPE 10

	Aggressionen	–	Treue	
1. Kompensation:	Autoaggression	–	Selbstvollkommenheit	**Mullein**
2. Identifikation:	Emotionalität	–	Wahrnehmung	**Deer Brush**
3. Aufbesserung:	Perfektionismus	–	Natürlichkeit	**Indian Paintbrush**
4. Umkehrung:	Eifersucht	–	Sexualität	**Blackberry**
5. Projektion:	Fremdgehen	–	Selbstbildnis	**Tiger Lily**
6. Verdrängung:	Gott-Leid	–	Fülle	**Mountain Pride**

FIXIERUNGEN

1.1 Autoaggression glaubt an keine Selbstvollkommenheit.
6.1 Verneinung von Fülle verursacht Autoaggression.

2.2 Emotionalität verhindert Wahrnehmung.
5.2 Abwertendes Selbstbildnis schafft Emotionalität.

3.3 Perfektionismus untergräbt Natürlichkeit.
4.3 Ablehnung von Sexualität fördert Perfektionismus.

4.4 Eifersucht zerstört Freude an der Sexualität.
3.4 Gespielte Natürlichkeit ist eifersüchtig.

5.5 Einstellung zum Fremdgehen beherrscht das Selbstbildnis.
2.5 Fremdgehen nimmt triebhaft wahr.

6.6 Glaube an Gott-Leid leidet auch an der Fülle.
1.6 Fehlender Glaube an Selbstvollkommenheit leidet an Gott.

PROGRAMME

6.1 Gott-Leid macht Selbstvollkommenheit unmöglich.
1.1 Selbstvollkommenheit überwindet Autoaggression.

5.2 Fremdgehen will keine einfühlsame Wahrnehmung.
2.2 Wahrnehmung der Gegenwart befreit von Emotionalität.

4.3 Eifersucht verhindert Natürlichkeit.
3.3 Natürlichkeit erwartet keinen Perfektionismus.

3.4 Perfektionismus wehrt sich gegen Sexualität.
4.4 Bejahende Sexualität überwindet Eifersucht.

2.5 Emotionalität zerstört das Selbstbildnis.
5.5 Göttliches Selbstbildnis lebt ohne Fremdgehen.

1.6 Autoaggression ist gegen die Fülle Gottes.
6.6 Bejahende Fülle besiegt Gott-Leid.

ASSOZIATIONEN

1.U Selbstvollkommenheit dupliziert Aggressionen.
U.1 Aggressionen aufgrund von Autoaggression.

2.U Bewußte Wahrnehmung schützt vor Aggressionen.
U.2 Aggressionen drücken sich in Emotionalität aus.

3.U Natürlichkeit ist frei von Aggressionen.
U.3 Aggressionen fördern Perfektionismus.

4.U Sexualität löst Aggressionen.
U.4 Aggressionen durch Eifersucht.

5.U Selbstbildnis integriert Aggressionen.
U.5 Aggressionen entstehen durch Fremdgehen.

6.U Fülle ist ohne Aggressionen.
U.6 Aggressionen durch Glauben an Gott-Leid.

MANIFESTE

1.E Selbstvollkommenheit durch Treue.
E.1 Treue transformiert Autoaggressionen.

2.E Wahrnehmung von Gefühlen fördert Treue zu sich selbst.
E.2 Treue konfrontiert Emotionalität.

3.E Natürlichkeit aufgrund gelebter Treue.
E.3 Treue erübrigt Perfektionismus.

4.E Sinnerfüllende Sexualität durch Treue.
E.4 Treue verhindert Eifersucht.

5.E Selbstbildnis wird bestimmt durch Treue.
E.5 Treue bedarf nicht des Fremdgehens.

6.E Fülle erleben durch Treue zu sich selbst.
E.6 Treue erlöst von Gott-Leid.

EPIGRAMME

U.1 Aggressionen lassen mich gegen mich selbst aggressiv sein, deshalb glaube ich an keine Selbstvollkommenheit.

U.2 Aggressionen lassen mich emotional sein, deshalb ist meine Wahrnehmung eingeschränkt.

U.3 Aggressionen lassen mich perfektionistisch sein, deshalb bin ich nicht natürlich.

U.4 Aggressionen lassen mich eifersüchtig sein, deshalb habe ich keine Freude an der Sexualität.

U.5 Aggressionen lassen mich fremdgehen, deshalb habe ich ein unreines Selbstbildnis.

U.6 Aggressionen lassen mich an Gott leiden, deshalb lebe ich nicht in der Fülle.

PARADOXIEN

1.E Ich bin selbstvollkommen, wenn ich meiner Seele treu bin.

2.E Ich habe eine gute Wahrnehmung, wenn ich meiner Seele treu bin.

3.E Ich bin natürlich, wenn ich meiner Seele treu bin.

4.E Ich integriere Sexualität, wenn ich meiner Seele treu bin.

5.E Ich habe ein göttliches Selbstbildnis, wenn ich meiner Seele treu bin.

6.E Ich bin in der Fülle Gottes, wenn ich meiner Seele treu bin.

GRUPPE 11

	Erniedrigung	–	Selbstwert	
1. Kompensation:	Selbsterniedrigung	–	Selbsteinschätzung	**Mount. Pennyroyal**
2. Identifikation:	Unmenschlichkeit	–	Göttlichkeit d. Menschen	**Nasturtium**
3. Aufbesserung:	Verleumdung	–	Aufrichtigkeit	**Chamomile**
4. Umkehrung:	Zwangsherrschaft	–	Selbstachtung	**Goldenrod**
5. Projektion:	Spiegelbild	–	Vorbild	**Borage**
6. Verdrängung:	Gott-Sühne	–	Selbst-Sein	**Lavender**

FIXIERUNGEN

1.1 Selbsterniedrigung durch falsche Selbsteinschätzung.
6.1 Verneinendes Selbst-Sein bringt Selbsterniedrigung.

2.2 Unmenschlichkeit widerspricht der Göttlichkeit des Menschen.
5.2 Ohne Vorbilder entsteht Unmenschlichkeit.

3.3 Verleumdung infolge mangelnder Aufrichtigkeit.
4.3 Ohne Selbstachtung geschieht Verleumdung.

4.4 Zwangsherrschaft durch fehlende Selbstachtung.
3.4 Unaufrichtigkeit fördert Zwangsherrschaft.

5.5 Spiegelbilder verzerren Vorbilder.
2.5 Wenig Vorbilder – viele Spiegelbilder.

6.6 Glaube an Sühne Gottes ist leidbringende Selbsteinschätzung.
1.6 Nicht-existentes-Selbst glaubt an Gott-Sühne.

PROGRAMME

6.1 Gott-Sühne durch idealisierte Selbsteinschätzung.
1.1 Wahrhaftige Selbsteinschätzung kennt keine Selbsterniedrigung.

5.2 Spiegelbilder verzerren die Göttlichkeit des Menschen.
2.2 Göttlichkeit schafft keine Unmenschlichkeit.

4.3 Zwangsherrschaft unterdrückt Aufrichtigkeit.
3.3 Aufrichtigkeit ist ohne Verleumdung.

3.4 Verleumdung zerstört Selbstachtung.
4.4 Selbstachtung besiegt Zwangsherrschaft.

2.5 Unmenschlichkeit folgt falschen Vorbildern.
5.5 Vorbild ersetzt Spiegelbild.

1.6 Selbsterniedrigung begehrt fremdes Selbst-Sein.
6.6 Selbst-Sein ist ohne Glaube an Sühne Gottes.

ASSOZIATIONEN

1.U Positive Selbsteinschätzung ist frei von Erniedrigung.
U.1 Erniedrigung durch Selbsterniedrigung.

2.U Göttlichkeit des Menschen ist erlöst von Erniedrigung.
U.2 Erniedrigung schafft Unmenschlichkeit.

3.U Aufrichtigkeit besiegt Erniedrigung.
U.3 Erniedrigung durch Verleumdung.

4.U Selbstachtung fürchtet keine Erniedrigung.
U.4 Erniedrigung baut Zwangsherrschaft auf.

5.U Vorbild kann keine Erniedrigung treffen.
U.5 Erniedrigung durch Spiegelbilder.

6.U Selbst-Sein ist erhaben über Erniedrigung.
U.6 Erniedrigung durch Glaube an Sühne Gottes.

MANIFESTE

1.E Selbsteinschätzung bestimmt den Selbstwert.
E.1 Selbstwert ist ohne Selbsterniedrigung.

2.E Göttlichkeit des Menschen schafft Selbstwert.
E.2 Selbstwert hat Unmenschlichkeit überwunden.

3.E Aufrichtigkeit fördert Selbstwert.
E.3 Selbstwert verleumdet nicht.

4.E Selbstachtung stabilisiert Selbstwert.
E.4 Selbstwert unterliegt keiner Zwangsherrschaft.

5.E Vorbild sein durch gelebten Selbstwert.
E.5 Selbstwert schaut in kein Spiegelbild.

6.E Selbst-Sein beruht auf göttlichem Selbstwert.
E.6 Selbstwert ist erlöst von Sühne Gottes.

EPIGRAMME

U.1 Erniedrigung erniedrigt mich selbst, deshalb habe ich eine betrügerische Selbsteinschätzung.

U.2 Erniedrigung läßt mich unmenschlich sein, deshalb kann ich meine Göttlichkeit nicht akzeptieren.

U.3 Erniedrigung läßt mich verleumden, deshalb bin ich unaufrichtig.

U.4 Erniedrigung läßt mich zwanghaft herrschen, deshalb bin ich ohne Selbstachtung.

U.5 Erniedrigung läßt mich Spiegelbilder sehen, deshalb kann ich kein Vorbild sein.

U.6 Erniedrigung läßt mich für andere sühnen, deshalb liebe ich nicht mein Selbst-Sein.

PARADOXIEN

1.E Ich kann mich selbst richtig einschätzen, wenn ich den Selbstwert meiner Seele liebe.

2.E Ich bin göttlich, wenn ich den Selbstwert meiner Seele liebe.

3.E Ich bin aufrichtig, wenn ich den Selbstwert meiner Seele liebe.

4.E Ich achte mich selbst, wenn ich den Selbstwert meiner Seele liebe.

5.E Ich lebe vorbildlich, wenn ich den Selbstwert meiner Seele liebe.

6.E Ich liebe mein Selbst-Sein, wenn ich den Selbstwert meiner Seele liebe.

GRUPPE 12

	Angst	–	Liebe	
1. Kompensation:	Todesangst	–	Selbstwürde	**Oregon Grape**
2. Identifikation:	Lebensangst	–	Gewißheit	**Red Clover**
3. Aufbesserung:	Zukunftsangst	–	Dankbarkeit	**Sunflower**
4. Umkehrung:	Bestrafungsangst	–	Wagemut	**Calendula**
5. Projektion:	Versagensangst	–	Vollendung	**Aloe Vera**
6. Verdrängung:	Gott-Strafe	–	Urvertrauen	**Trillium**

FIXIERUNGEN

1.1 Todesangst verletzt Selbstwürde.
6.1 Ohne Urvertrauen herrscht Todesangst.

2.2 Lebensangst ist ohne Gewißheit.
5.2 Fehlende Vollendung bringt Lebensangst.

3.3 Zukunftsangst durch mangelnde Dankbarkeit.
4.3 Ohne Wagemut kommen Zukunftsängste.

4.4 Bestrafungsangst kennt keinen Wagemut.
3.4 Vortäuschende Dankbarkeit durch Bestrafungsängste.

5.5 Versagensangst verhindert die Vollendung.
2.5 Ohne Gewißheit entstehen Versagensängste.

6.6 Glaube an Gott-Strafe infolge mangelnden Urvertrauens.
1.6 Verletzte Selbstwürde fürchtet Gott-Strafe.

PROGRAMME

6.1 Glaube an einen strafenden Gott aufgrund fehlender Selbstwürde.
1.1 Selbstwürde ist erhaben über Todesangst.

5.2 Versagensängste potenzieren sich durch Ungewißheit.
2.2 Gewißheit ist der Quell des Lebens.

4.3 Bestrafungsängste kennen keine Dankbarkeit.
3.3 Dankbarkeit ist der Schlüssel zur Zukunft ohne Angst.

3.4 Zukunftsangst verschließt sich vor Wagemut.
4.4 Wagemut läßt Bestrafungsangst hinter sich.

2.5 Lebensängste verhindern Vollendung.
5.5 Vollendung ist freisein von Versagensängsten.

1.6 Todesangst ist getrennt vom Urvertrauen.
6.6 Urvertrauen ist ohne Glauben an ein Strafgericht Gottes.

ASSOZIATIONEN

1.U Selbstwürde ist ohne Angst.
U.1 Angst drückt sich aus in Todesangst.

2.U Gewißheit hat Angst überwunden.
U.2 Angst drückt sich aus in Lebensangst.

3.U Dankbarkeit dankt auch für Ängste.
U.3 Angst drückt sich aus in Zukunftsangst.

4.U Wagemut handelt trotz Angst.
U.4 Angst drückt sich aus in Bestrafungsangst.

5.U Vollendung durch Erlösung von Ängsten.
U.5 Angst drückt sich aus in Versagensangst.

6.U Urvertrauen durch Vergebung der Angst.
U.6 Angst drückt sich aus in Angst vor dem Gericht Gottes.

MANIFESTE

1.E Selbstwürde durch Liebe.
E.1 Liebe statt Todesangst.

2.E Gewißheit baut auf Liebe.
E.2 Liebe meistert Lebensangst.

3.E Dankbarkeit ist Ausdruck von Liebe.
E.3 Liebe überwindet Zukunftsangst.

4.E Wagemut braucht Liebe.
E.4 Liebe kennt keine Bestrafungsangst.

5.E Vollendete Liebe.
E.5 Liebe transformiert Versagensangst.

6.E Urvertrauen ist Vergebung und Liebe.
E.6 Liebe glaubt nicht an ein Strafgericht Gottes.

EPIGRAMME

U.1 Angst ist Todesangst, die mich
meiner Selbstwürde beraubt.

U.2 Angst ist Lebensangst, die mir
meine Gewißheit nimmt.

U.3 Angst ist Zukunftsangst, die mir
Dankbarkeit versagt.

U.4 Angst ist Bestrafungsangst, die mir
Wagemut nicht ermöglicht.

U.5 Angst ist Versagensangst, die meine Vollendung kostet.

U.6 Angst ist Angst vor Gottstrafe, die mich
vom Urvertrauen trennt.

PARADOXIEN

1.E Ich habe Selbstwürde, wenn meine Seele liebesfähig ist.

2.E Ich bin mir gewiß, wenn meine Seele liebesfähig ist.

3.E Ich bin dankbar, wenn meine Seele liebesfähig ist.

4.E Ich bin wagemutig, wenn meine Seele liebesfähig ist.

5.E Ich vollende, wenn meine Seele liebesfähig ist.

6.E Ich schöpfe Urvertrauen, wenn meine Seele liebesfähig ist.

Praktische Therapie mit den Kalifornischen Blüten-Essenzen

Praktische Anwendung der „Kalifornischen Blüten-Therapie“

Sind wir uns unserer Intuition sicher, so finden wir die entsprechende Kalifornische Blüte beim Lesen der TYPOGRAMME schon dadurch, daß wir unsere Körperreaktionen wahrnehmen. Es können spontan Schmerzen ausgelöst werden, Kälte- oder Wärmereaktionen auftreten usw. Je sensitiver Sie sind und je mehr Sie es gewohnt sind, auf Auslöser zu achten, desto sicherer die „Diagnose“.

Die große Zahl der mit den 72 Kalifornischen Blüten verbundenen Ursachen setzt einige Übung voraus, um die entsprechende Blüte zu finden, da der Mensch geneigt ist, sich mit vielen Problemen zu identifizieren. Das ist ganz natürlich. Beim Lesen werden auch Erinnerungen an Probleme geweckt, die wir jetzt eigentlich nicht mehr haben. Je bewußter wir diese erlebt und bewältigt haben, desto intensiver ist die Rückerinnerung. Vergangenes und Gegenwärtiges vermischen sich schnell miteinander.

Auch wenn die Körperreaktionen nicht immer gleich und eindeutig zu verstehen sind, so sind sie doch eine große Hilfe – auch bei der Anwendung anderer Auffindungsmöglichkeiten.

Durch die beschriebenen Mechanismen von Verdrängungen, Kompensationen, Projektionen etc. ist das ursächliche Problem nicht einfach zu erkennen, auch wenn wir Selbsterfahrungsarbeit und andere Therapien bewußt erlebt haben. Den Zugang zu seinen unbewußten Glaubensgrundsätzen zu finden und die tieferen energetischen Beziehungen wahrzunehmen,geht weit über das bisherige psychologische Verständnis hinaus.

Die Radiästhesie – Rute und Pendel – ist uns eine sehr große Hilfe beim Testen von Heilschwingungen. Je weiter wir uns selbst entwickelt haben, desto freier sind wir von Identifikationen, Aufbesserungen oder Projektionen. Je harmonischer unser eigener Energiekörper, desto größer ist der Dienst am Mitmenschen. Die Radiästhesie ist aus der feinstofflichen Diagnostik und Therapie nicht mehr wegzudenken.

Viele Menschen meditieren täglich und erhalten in der Meditation eine

Antwort auf bestimmte Fragen. Auch über den Traum ist es geübten Menschen möglich, konkrete Antworten zu erhalten.

Die Kinesiologen haben uns eine weitere Variante bereichert – durch ihren Muskeltest. Sie testen Heilschwinungen auf Energie und wissen somit, welche Schwingungen dem Menschen gut tun. Ich habe diese Testmethode weiterentwickelt und bekomme mit ihr Zugang zum Unterbewußtsein eines jeden Menschen. Da wir unsere unbewußten Kosmogramme leben und diese Programme auch beim Testen „antworten", bedarf es längerer Übung, diese faszinierende Methode anzuwenden.

Auf der Suche nach einer zuverlässigen Testmethode bin ich auf eine Methode gestoßen, die Laien wie Therapeuten gleichermaßen anwenden können. Die Erfahrungen mit meinem Buch „Heilung durch Erkenntnis – Das Kosmische Tarot", haben mich auf die Idee gebracht, die Kalifornischen Blüten auch als Karten-Testsatz anzufertigen. Das können Sie auch selbst tun. Sie brauchen nur 72 leere Karten zu nehmen und auf jede Karte den amerikanischen Blütennamen zu schreiben. Zum Schluß fügen Sie eine Leerkarte bei.

Der „Ablauf": Fast immer haben wir mehrere von den 72 *Haben*-Strukturen ungelöst in uns. Bevor Sie den eigentlichen „Erkenntnisprozeß" beginnen, zentrieren Sie sich und ziehen erst dann mit der linken Hand aus dem angefertigten „Blüten-Deck" eine Karte mit der Frage, welche Blüten-Essenz hat jetzt Priorität? Die linke Hand ist über das Unterbewußtsein mit dem Höheren Selbst verbunden, das Zugang hat zum kosmischen, zum göttlichen Willen. Die Frage nach der Priorität, der vorrangig zu lösenden Aufgabe, verschafft Ihnen die Gewißheit, daß Sie auch kosmisch richtig geführt werden. Die Erfahrung hat gezeigt, daß durch das Lösenwollen sekundärer Probleme die Heilenergien oft nicht wirksam werden können – bis die primäre Ursache gelöst ist. Dies ist eine große Erleichterung für die Therapie, da sie uns viel Zeit und Enttäuschungen erspart.

In der alphabetischen Zusammenstellung der Kalifornischen Blüten bekommen Sie den Hinweis auf die entsprechende Blüten-Gruppe von 1 – 12. Sollte Ihnen das Blüten-TYPOGRAMM dieser Gruppe noch nicht vertraut sein, so lesen Sie das entsprechende Typogramm-Kapitel durch und achten dabei auf Ihre Körperreaktionen, Ihre Emotionen, auf aufsteigende Bilder und darauf, was Ihre Intuition zum Verstehen des ursächlichen Problems beiträgt.

Sie haben beispielsweise die Blüte LARKSPUR gezogen und finden über die alphabetische Blüten-Zusammenstellung heraus, daß LARKSPUR der 1. Gruppe „Schuldgefühle – Gnade" zugeordnet ist. Die *Haben*-Struktur dieser Blüte verweist auf den Begriff „Intoleranz" und stellt eine Identifikation dar. Zum besseren Verständnis können Sie auch noch einmal zur Beschreibung über die Identifikationen zurückgehen. Sicherlich wird Ihnen dazu etwas einfallen, etwa wann Sie in der letzten Zeit Intoleranz erfahren haben, selbst intolerant waren oder darüber im allgemeinen Emotionen zeigten.

Die eigentliche Erkenntnisarbeit geht jetzt im Falle der Blüte LARKSPUR über das KOSMOGRAMM der 1. Gruppe. Sie gehen durch alle sechs Filter – Fixierungen, Assoziationen, Manifeste, Epigramme und Programme – meditativ durch oder notieren sich alle Sätze, deren Nummer vor dem eigentlichen Satz eine 2 aufweist, da LARKSPUR ja mit der 2. Haben-Struktur (Identifikation) verbunden ist. Mit dem Lesen der Kosmogramme duplizieren sich die Ursachen. Damit ist der Erkenntnisteil beendet.

In der Folgezeit wenden Sie die Kalifornische Blüten-Essenz LARKSPUR praktisch an. Zu der bisher bekannten Form der Tropfen-Einnahme habe ich ergänzende Energiekörper-Anwendungen entwickelt:

1. Das Halten der Blütenschwingung in der linken Hand
2. Das Einsprühen des Energiekörpers von allen vier Seiten
3. Die Verteilung der Heilenergie in den Raum über eine Kerze.

Die feinstofflichen Heilschwingungen der Kalifornischen Blüten entfalten oft erst ihre volle Wirkung, wenn sie auch feinstofflich angewandt werden. Alle seelischen und geistigen Ursachen sind als blockierende, hemmende Energie in der Aura, im Energiekörper des Menschen vorhanden. Nehmen wir die Schwingung in die Hand oder sprühen unseren Energiekörper damit ein, werden diese blockierten Energien wieder zum Fließen gebracht.

Bei adäquater Form der Anwendung verringert sich die Anwendungszeit auf ein Minimum und steigert die Wirkung der Blüten-Essenz auf ein persönliches Optimum. Blüten-Essenzen wirken ähnlich homöopathischen Mitteln: entfalten sie ihre Wirkung nicht innerhalb kurzer Zeit, war es nicht das richtige Mittel, nicht die richtige Potenz, nicht der richtige Zeitpunkt oder eine inadäquate Behandlungsart. Aus diesem Grunde haben Sie auch eine leere Karte in Ihrem Blüten-Deck. Es könnte vorkommen, daß Ihr gegenwärtiges Problem auf einer anderen Ebene mit anderen Mitteln zu lösen ist oder daß Sie im Augenblick gar kein zu lösendes Problem haben.

Die Raumschwingung ist dann angesagt, wenn Sie sehr sensitiv sind und fremde – hier im Beispiel intolerante Gedankenschwingungen – an Ihrem Arbeitsplatz oder in Ihrer Wohnung wahrnehmen und darunter leiden. Dazu stellen Sie eine weiße Kerze in eine Untertasse, zünden sie an und geben auf die Untertasse einige ml Wasser und darin einige Tropfen der entsprechenden Blüten-Essenz. Über die Kerze wird der ganze Raum erfüllt von dieser Heilschwingung.

Wie erfahren Sie, welche Anwendungsform für Sie jetzt zutrifft? Sie können es intuitiv erfassen oder wiederum auf die vorher beschriebene Art und Weise austesten. Eine falsche Anwendung ist nicht möglich, da die Blüten-Essenzen in einem solchen Falle ihre individuelle feinstoffliche Wirksamkeit nicht entfalten.

Es bleibt jetzt noch die Frage offen, wie oft die Anwendung durchzuführen ist. Alle Heilenergien – das gilt für jede Art von Heilanwendung, auch für Medikamente – sind im besonderen Maß wirksam, wenn sie in einem

„kosmischen Rhythmus"

angewandt werden. Alle Zahlen eines Monats, also vom 1. bis zum 31., und jeder Name (die Wochentage) haben eine kosmische Bedeutung mit ihrer eigenen Interferenz zur Heilschwingung. Werden beide Heilschwingungen – Blüte und Kosmos – in Einklang gebracht, verstärkt sich die Wirkung beträchtlich. Es kommt also nicht auf die Menge an, sondern auf den kosmischen Rhythmus. Die Testmethoden entsprechen den oben beschriebenen:

Die Fragestellungen zum Kosmischen Rhythmus sind:

1. a. Täglich oder jeden 2., 3., 10. oder 14. Tag?
   b. 4-wöchentlich an einem bestimmten Wochentag?
   c. Monatlich jeweils an einem der Tage vom 1. bis 31.?
2. Wann beginnt der Rhythmus?
3. Wieviele Tropfen werden für die Zubereitung benötigt?
4. Wie lange dauert die einzelne Anwendung, wenn die Schwingung in die Hand genommen wird?
5. Wie lange dauert die Anwendung; also wie viele Anwendungen sind insgesamt notwendig?

Soweit der gesamte therapeutische Ablauf. Das ist eine Anwendungsmöglichkeit der Kalifornischen Blüten-Therapie.

Die optimalste Wirksamkeit der Kalifornischen Blüten-Essenzen erreichen Sie, wenn Sie die zweite Blüte des dazugehörigen zweiten Kosmogramm-Satzes (siehe *Aufbau der Kosmogramme* Seite 119) entsprechend der Kosmologie der Dreiecke mit in die Therapie einbeziehen. In unserem Beispiel ist LARKSPUR die erste anzuwendende Blüte, die in den Kosmogrammen unter der Nummer 2 (Identifikation) aufgeführt ist. Die dazugehörige zweite Blüte ist POMEGRANATE; sie steht auf dem 5. Platz (Projektion) der 1. Gruppe und ist in den Kosmogrammen immer mit der 2. Blüte verbunden. Nun wird der Zusammenhang noch klarer: Sie identifizieren sich mit einer fremden Projektion.

Sie finden jetzt alle Kosmogramme heraus, die in der Kombination zur 2 oder/und zur 5 gehören, in unserem Beispiel also:

Fixierungen

2.2	Intoleranz ist Nicht-Verstehen-Können.
5.2	Fehlender Glauben macht intolerant.
5.5.	Festhalten durch mangelhaften Glauben.
2.5	Nicht-Verstehen neigt zum Festhalten.

Programme

5.2	Festhalten kann nicht verstehen.
2.2.	Verstehen überwindet Intoleranz.
2.5	Intoleranz durch zweifelnden Glauben.
5.5	Glauben befreit vom Festhalten.

Assoziationen

2.U	Verstehen ohne Schuldgefühle.
U.2	Schuldgefühle verursachen Intoleranz.
5.U	Glauben befreit von Schuldgefühlen.
U.5	Schuldgefühle verführen zum Festhalten.

Manifeste

2.E	Verstehen ist Loslassen durch Gnade.
E.2	Gnade besiegt Intoleranz.
5.E	Glauben ist gelebte Gnade.
E.5	Gnade braucht nicht Festhalten.

Epigramme

U.2 Schuldgefühle verurteilen mich, deshalb kann ich mich nicht mit meinem Selbst identifizieren.

U.5 Schuldgefühle lassen mich festhalten, deshalb meine Zweifel am Glauben.

Paradoxien

2.E Ich erlebe größeres Verstehen, wenn ich göttliche Gnade für meine Seele annehme.

5.E Ich erlebe einen gefestigten Glauben, wenn ich göttliche Gnade für meine Seele annehme.

Der weitere therapeutische Ablauf ist wie oben beschrieben. In einer Sitzung kommen also maximal immer nur zwei Blüten zur Anwendung.

Erst wenn der gesamte Rhythmus einer Blütenanwendung abgelaufen ist, sollten Sie sich an ein neues Konzept, an ein neues Aufarbeiten heranwagen. Der Einstieg geht beispielsweise auch über Ihr Tierkreiszeichen, über einen bestimmten Planeten oder eine Krankheit. In der Gesamtaufstellung der Bezüge finden Sie dort den Hinweis zur entsprechenden Gruppe. In jeder Gruppe haben Sie sechs Blüten zur Auswahl; um die Blüte mit der Priorität zu finden, können Sie diese 6 Blüten-Bezeichnungen aus Ihrem Deck herausnehmen und davon wieder eine mit der linken Hand ziehen. Der weitere Ablauf wie beschrieben.

Wenn Sie einem anderen Menschen helfen wollen, der räumlich von Ihnen getrennt ist, so können Sie sich auf diese Person seelisch einstellen und den „Erkenntnisprozeß“ für ihn laufen. Mit dem Duplizieren für den anderen übergeben Sie ihn sozusagen Gott. Sie brauchen ihn nicht einmal davon informieren; so baut er keine Erwartungshaltung auf, die eher den Heilungsprozeß behindert. Und Sie selbst stehen nicht unter Erfolgszwang und nicht in der Versuchung, diesen Menschen von dem kosmischen Gesetz des Duplizierens überzeugen zu müssen.

Denn manchmal sieht die göttliche Führung für den Menschen etwas anderes vor, das wir nicht so schnell durchschauen können – dies gilt natürlich auch für uns selbst. Doch wir können die innere Gewißheit haben, daß das, was eintritt, kosmisch richtig ist. So sind Sie frei, Impulse zu setzen und wieder loszulassen.

Nachwort

Über meinen grundsätzlichen energetisch-therapeutischen Ansatz werde ich ein Buch weiterschreiben mit dem Titel: ICH-DU-WIR-Raum-Therapie. Haben Sie daher Verständnis, daß ich einige therapeutische Anwendungsmöglichkeiten über die Kalifornischen Blüten in diesem Buch nicht beschreiben konnte, da das Beschriebene nicht das Erlebte ist. Das persönliche Erleben seiner Selbstfindung durch eine Gruppen-Therapie, wie meine Seminare zu verstehen sind, ist durch nichts zu ersetzen – daher biete ich sowohl Wochenend-Seminare als auch 5-Tage-Intensiv-Seminare an. Die Wochenend-Seminare können nur eine Einführung sein in der praktischen Anwendung der Kalifornischen Blüten-Therapie, während in den 5 Tagen intensive Lösungsarbeit geleistet wird und das Verständnis vermittelt wird von der „Kosmologie der Dreiecke".

Da die Kalifornischen Blüten bei uns noch wenig verbreitet sind, helfe ich Ihnen gerne weiter. Diesbezügliche Anfragen und weitere Informationen über meine
ENERGIEFELD- DIAGNOSE UND -THERAPIE erhalten Sie vom Verlag oder von mir persönlich:

Barbara Luetgebrune
Wirtsbreite 23
D-8151 Warngau

Bezugsadressen der Kalifornischen Blüten-Essenzen:

Janet und Walter Hugelshofer
Hauptstraße 11
CH-4655 Stüsslingen

Herbert Thelesklaf
Welschstraße 5
D-8000 München 81

Flower Essence Society
P. O. Box 459
Nevada City, CA 95959
USA

Bezugsadresse für das Kartenset mit Kalifornischen Blüten

Barbara Luetgebrune
Wirtsbreite 23
D-8151 Warngau

Barbara Luetgebrune

HEILUNG
DURCH ERKENNTNIS

Das Kosmische Tarot

192 Seiten
DM 16,80
ISBN 3-924624-35-6

Jeder Mensch schafft sich im Laufe seines Lebens immer wieder neue Bilder von sich und seiner Umwelt. Die Schwäche des Menschen, an diesen Bildern und den damit verbundenen unbewußten Programmen zu haften, führt zu Energieblockaden und Verspannungen, verhindert die Sicht auf die Dinge, wie sie wirklich sind.
Barbara Luetgebrune legt ein System vor, mit dessen Hilfe Erkenntnisprozesse initiiert werden. Anhand der Rider-Waite-Tarot-Karten gibt sie präzise Interpretationen auf jeder Erkenntnisebene und veranschaulicht durch Fallbeispiele das »Kosmische Tarot«.
»Das KOSMISCHE TAROT« übt in hohem Maße Ihre Intuition, Ihre Assoziationsfähigkeit; es verschafft Ihnen Zugang zum Unterbewußtsein, ermöglicht das Annehmen kosmischer Energien und fördert Ihre Wahrnehmungsfähigkeit. Es festigt Ihren Charakter durch Ehrlichkeit sich selbst gegenüber, erweitert Ihr Bewußtsein durch die Bereitschaft zum Akzeptieren, gibt Ihnen ein Ventil für unterdrückte Gefühle, regt Ihre Inspiration an, gibt klare Entscheidungshilfen und schafft so einen Zugang zu Ihrem Hohen Selbst. Jeder wird so weit in die Tiefe seines Unterbewußtseins gehen können, wie er es verkraften, wie er es mit seinem jetzigen Bewußtsein erfassen kann. Dies ist nicht immer ein einfacher Weg, aber der Lohn ist: Heilung durch Erkenntnis.

Ursula Klinger-Raatz

DIE GEHEIMNISSE
EDLER STEINE

Eine Anleitung zur Aktivierung der 7 Energiezentren des Menschen mit Steinen, Kristallen & Mineralien

128 Seiten
DM 12,80
ISBN 3-924624-38-0

Edle Steine und Kristalle haben seit jeher auf den Menschen eine geheimnisvolle Anziehungskraft ausgeübt. Ursula Klinger-Raatz beschreibt die Wirkungen verschiedenster Steine auf den Energiekörper des Menschen, der auf Farbe, Beschaffenheit und Eigenart der Steine unterschiedlich reagiert.
Die Autorin schildert ihre Erfahrung im Umgang mit Kristallen und Steinen, beschreibt, welche Resonanz die erzeugen und ordnet sie den regenbogenfarbigen Energiezentren im menschlichen Körper zu. So kann man die für sich richtige Edelstein-Heilschwingung herausfinden und die praktische Anwendung zur Energiezentren-Polarisierung, Edelstein-Heilbehandlung und Kristall-Meditation erlernen. Wichtig sind jedoch auch die vielen Anregungen zur intuitiven Arbeit mit den geheimnisvollen Kräften edler Steine.

Eisuke Sasagawa

CHI-SUE — DAS GEHEIMNIS DER 9 KOSMISCHEN KRÄFTE

Ein traditionelles östliches System rhythmischer Lebensplanung zur Erlangung von Gesundheit und Lebensfreude

160 Seiten
DM 16,80
ISBN 3-924624-47-X

CHI-Sue ist das Wissen um die Kosmischen Energien und ihre Wirkung auf den Menschen.
Dieses jahrtausendealte System wurde in früheren Zeiten nur von Eingeweihten benutzt. In der heutigen Zeit, in der der Mensch seinen Mißbrauch mit den Kräften der Natur erkannt hat, besinnt man sich wieder auf dieses alte System, mit dem sich der Rhythmus des Lebens individuell bestimmen läßt. Neun Kosmische Kräfte sind es, die unser Dasein entscheidend beeinflussen.
Unter Zuhilfenahme des Geburtsdatums kann jeder nach der Lektüre dieses Buches seinen eigenen »Kosmischen Typ« bestimmen und eine »Kosmisches Psychogramm« erstellen, das kreative, aktive Lebensphasen ebenso erkennen läßt wie Phasen mit weniger Energie. Darüber hinaus bietet das Buch noch die Anwendung einer Art »Kosmischen Geomantie« und läßt transparent werden, welcher Teil eines Hauses oder einer Wohnung für welchen »Typ« förderlich oder hinderlich sein kann, mit den entsprechenden Wirkungen auf Lebensfreude, Gesundheit, Wohlstand u.a.
Das System zur Berechnung der Kosmischen Kräfte ist leicht zu erlernen. Die wenigen notwendigen Tabellen finden sich im Buch.
Eine Lektüre für jeden, der Spaß an experimenteller Esoterik hat und nach Möglichkeiten sucht, sich im Erkennen seines Platzes im kosmischen Gefüge bestmöglich zu entwickeln.